越努力，越幸运！

黄志生

穿越苦难
洞见新生

创维创始人
黄宏生 著

电子工业出版社
Publishing House of Electronics Industry
北京·BEIJING

未经许可，不得以任何方式复制或抄袭本书之部分或全部内容。
版权所有，侵权必究。

图书在版编目（CIP）数据

穿越苦难　洞见新生 / 黄宏生著. -- 北京：电子工业出版社, 2025.4. -- ISBN 978-7-121-49958-6
Ⅰ. F272
中国国家版本馆CIP数据核字第2025KJ1196号

责任编辑：滕亚帆
文字编辑：刘　舫
印　　刷：河北迅捷佳彩印刷有限公司
装　　订：河北迅捷佳彩印刷有限公司
出版发行：电子工业出版社
　　　　　北京市海淀区万寿路173信箱　邮编：100036
开　　本：880×1230　1/32　印张：5.75　字数：202千字　彩插：32
版　　次：2025年4月第1版
印　　次：2025年4月第1次印刷
定　　价：86.00元

凡所购买电子工业出版社图书有缺损问题，请向购买书店调换。若书店售缺，请与本社发行部联系，联系及邮购电话：（010）88254888，88258888。

质量投诉请发邮件至 zlts@phei.com.cn，盗版侵权举报请发邮件至 dbqq@phei.com.cn。
本书咨询联系方式：faq@phei.com.cn。

黄宏生·创业智慧十则

01 穿越苦难，不是没苦硬吃，
而是一种人生哲学。

02 商界的本质是
在有限的资源中寻找无限的可能。

03 生活的本质是
长期的痛苦和瞬间的快乐交替的过程。

04 "以小博大"不是盲目冒险，
而是一种智慧的经营策略。

05 企业家应该把面对苦难和吃苦
作为一种基本心理准备。

06 洞见新生是一种觉醒,
从沉睡中苏醒,看见不一样的世界。

07 一个人不要过高地估计自己的力量,
所有的成功都来源于朋友之间的合力。

08 拥有大格局,愿做小事情,
在小处着手,才能在大处收获。

09 身心健康是奋斗者永续前行的保障,
活得久才能不断洞见新生。

10 永远对未来充满信心,在每个转折点上
都能找到成长的力量。

序言

一

每个时代都有每个时代的苦难，每个时代也都有每个时代的英雄。

在过去四十多年里，中国出现了很多企业家，这要感谢改革开放。四十多年前，中国没有市场化，处在一个自我封闭的环境中，而经济制度的转型使人的主体性得以解放，被压制的创造性得以释放，类似于欧洲的文艺复兴，形成百业待兴的创业场景。

企业家顺应时代的发展而诞生，并逐渐成为新时代的英雄。他们创造就业岗位，推动经济发展，维护社会稳定，同时又背负着各种压力，诸如资金短缺、内卷严重、供需失衡、新技术冲击、成本上升、盈利困难、合作伙伴决裂等，尤其是民营企业家，还要承担因创业失败、名利受损所带来的种种影响，可以说他们的成长史其实是一部挣脱苦难的历史，只是苦难因人而异罢了。

过去一年，全球局势风云变幻。美国新总统上任，带着再造美国伟大的目标和雄心，意欲阻止中国的崛起；在亚洲，邻国日本也在积极谋划，试图通过投资收购全球产业链，打造在经济领域与中国一决高下的实力。反观国内，经济的转型迫在眉睫。

创维商学有一位学员叫张治雨，是凤阳瞩日新能源科技有限公司的董事长，"90后"，很年轻的一个小伙子，主要做光伏模组。2024年光伏产业一片哀嚎，模组价格暴跌，从2.2元/瓦跌到0.65元/瓦，下降幅度达70%。他的公司的年度营收目标原本是50亿元人民币，可到年底只完成了14亿元人民币，可以想象，这中间的落差会给创业者带来多大的打击和压力。

原本规划好的一系列投资、扩张计划，都被迫调整，资金回笼速度慢了，后续的研发、生产资金链一下子就紧张起来，谁遇到这种事都要脑壳疼。但在困难面前，张治雨没有屈服，而是积极面对，开源节流，从上游模组进军分布式光伏，抓住机遇，拓展生态，成功突围。正应了那句话：只要怀揣希望，坚守梦想，再黑暗的夜，也能盼来破晓的曙光。

在三十多年的发展历程中，创维经历过无数次这样的苦难与挑战。而正是这些苦难，让我们变得坚韧不拔，越来越强大，在困境中不断突破自我，创造出一个又一个奇迹。

创维集团的展厅入口处有一句话：难修能力 苦修智慧，这是我创业三十多年来对于苦难的理解。在我眼中，苦难是上天赐予我们成长的礼物。一个人能否成功，不仅表现在他的聪明才智或者具有的独特技能上，更体现在他面对危机和压力时的反应能力上。

圣人云："心不死则道不生，欲不灭则道不存，心不苦则智慧不开，身不苦则福禄不厚。"

不曾经历生死，又怎会对人生大彻大悟；不曾陷入深渊，又何来涅槃重生；每个自强不息的人，都曾无处可依。经历苦难，是为了让内心通明，坦然面对世事无常；穿越苦难，意味着学会与苦难共存，从中汲取力量和智慧，让自己变得更加坚强和成熟。

创维的成长何尝不是在一次次跌入深谷后，又一次次爬起的穿越过程。2000年，中国家电史上最大的"兵变"就发生在创维，当年的"陆强华事件"曾轰动业界，让我这个"黑心老板"在全国媒体面前丢尽了脸面，事业一时陷入绝境，哪怕后来舆论给我平了反，但现在想来仍然让人羞赧、后怕，从一开始抱怨老天不公到合作伙伴忘恩负义，再到逐渐平静面对。

那次磨难之后我突然开悟，以至再有类似事情发生时我可以做到完全不在意。有人的地方就有江湖、分歧，老板与职业经理人的关系既非天然的盟友，也未必是一对前世就结下深仇的冤家。危机发生后，只要双方能够平心静气地沟通，积极化解分歧，还是能化干戈为玉帛的，还是可以在茫茫人海中找到志同道合的伙伴的。

企业的苦难分内外，外是外部环境的突变带来的打击，要通过内在的力量来应对苦难；内是内部的文化、环境等带来的，有时候会发生一些冲突甚至是停滞，可能让企业毁于一旦。正视错误就是正视苦难，要不断地进行自我批判，把问题发掘出来，接受它、穿越它，才能奋起反弹。

人生是为心的修行而设立的道场。苦难与挫折会伴随人的一生，挫折能增强人的韧性与敏捷性，是宝贵的财富。没有苦难，难有非凡的人生。为了让穿越苦难变得更有意义，我总结出了9条穿越苦难的心法：

1. 穿越苦难不是没苦硬吃，而是一种人生哲学。

2. 正视苦难才能穿越苦难。

3. 生活的本质是长期的痛苦和瞬间的快乐交替的过程。

4. 痛苦是人摆脱孤独和迷茫、找到人生价值、获得内心平静的必经途径。

5. 苦难,从来不是人生的终章,它是磨砺意志的砂石,是孕育智慧的暗室,更是开启崭新可能的万能钥匙。

6. 只有经历过苦难,并修炼好了危机应对能力的人,才能在不确定的人生旅途中后来居上,赢得未来。

7. 成功的道路是艰辛的付出和痛苦的坚持,做好吃苦的准备才能少吃苦。

8. 先在痛苦中奋斗,才可能有快乐的结果,经历过痛苦之后的快乐才是大快乐。

9. 企业家应该把面对苦难和吃苦作为一种基本心理准备。

二

1988年,可被称为中国民营企业的"元年",因为在这一年,私营经济被正式写入《中华人民共和国宪法》,很多知名企业都是在这一年前后成立的,像华为、万科、富士康等,包括创维也是在这一年创办的。

那个年代的创业环境,不像现在可以 A 轮、B 轮地进行融资,几乎都是从零开始将有限的资金发挥到极致,这才有了创业历程中一次又一次"以小博大"的案例。这当中有现实窘迫的成分,也有创业者敢于尝试的勇气。

往小总结:"以小博大"不是投机主义、赌博行为,而是一种低成本快速试错并取得成功的能力。往大归纳:"以小博大"是一种敢于拼搏的企业家精神,更是一种宏大格局与精细实干相融合的超凡修为。

创维成立之初，主要在香港做电子元器件贸易，结果出师不利，初次创业就几乎血本无归，让我大病一场。后转战深圳投身制造业，先是在制造电视遥控器上挖到第一桶金，但后来在制造丽音解码器上栽了跟头。之后面对重重压力开始制造电视，面对香港知名企业讯科、瑞凌集团在电视产业投入数十亿元遭遇的重大失败，创维凭借"星期六工程师"的灵活用人策略，以及15%的股票期权，让一个微不足道的小企业得以崛起，这是真正改变创维命运的一个开端，也是创维发展史上我最为得意的一次经典的"以小博大"案例。对此，有几点心得还是值得分享的。

首先，商机从来都近在咫尺，生意不分大小。哪怕再微小的生意，只要精准契合大众实实在在的需求，它的背后就一定藏着无限潜力，能爆发出巨大能量。

其次，身处科技时代，人才制胜是铁律。产品是企业的立足之本，有一个技术过硬的团队，研发出的产品推向市场才能收获认可，企业站稳脚跟，才有生存下去的底气。

然后，人才招揽和留存很有门道。在创维很弱小时，15%的股票期权的价值并不明显，却使人才看到了企业的未来和希望，能把人才变成合伙人。员工与公司利益深度绑定，才会实现共赢的局面，团队凝聚力、战斗力自然直线上升。

最后，市场敏感度特别重要。当年正值苏联解体、东欧剧变，东欧市场一下子出现了巨大的缺口。创维迅速捕捉到这一市场需求，开发出了兼容各种制式的"第三代国际线路彩电"，在最短的时间内满足市场需求。在商场上，速度就是关键，谁能快人一步，谁就能抢占先机，吃下市场红利。

十多年后,当创维从智能家电跨界到新能源汽车上时,也将"以小博大"发挥到极致,成就了一个跨界创业的成功案例。

2008年的北京奥运会以"绿色奥运、科技奥运"为理念,可以将其看作中国新能源汽车发展的一个重要里程碑,也是新能源汽车走向规模化应用的重要开端。

那个时候,关于"双碳"理念及新能源汽车的知识并不像今天这样普及,全世界有多少人能搞清楚这些?可以说少之又少。

刚开始我也不懂,一个家电大佬要转行做汽车,跨度太大了,怎么办?我先是花了1000万元人民币在重庆收购了一家两轮电动车厂,成为公司第二大股东,了解市场、技术,关注电池发展,对新能源行业的生态有了一个基本的认识,再综合考虑国家政策、行业趋势、技术变革等各个方面的因素,一年后才正式进入新能源汽车行业。

汽车行业自不必说,投资大,人才密集,涉及领域广。2010年,我花了5亿元人民币收购了南京金龙,直到2020年才推出乘用车产品,循序渐进,先做新能源客车,因为客车的投资小,随后发展到物流车、重卡、牵引车等,经过了商用车电动化和智能化的基础研究和技术沉淀,我们对于新能源汽车的三电核心——电池、电机、电控——拥有了足够的技术积累,这才大胆进入乘用车领域。

"以小博大"不能急于求成,更不是盲目投资,而是在深入了解行业之后的抉择。要一步一个脚印,在前期投入有了初步成果后,再决定后续是否继续投入资金,用于拓展产品线或升级服务,每一次扩张都要依托前期积累的数据及用户反馈。

近几年"爆雷"的那些新能源造车新势力,无不是对行业缺乏深入了解就赤膊上阵,结果是烧光了几百亿元、上千亿元人民币的海量资金后，最终走向倒闭边缘。

在商业的竞技场上，"以小博大"从来不是一蹴而就的冒险，而是一场需要精心布局、步步为营的漫长征途，唯有秉持良性发展、循序渐进的理念，才可能在波谲云诡的市场浪潮里站稳脚跟。企业成功的过程就是将不可能变成可能，因此我总结了"以小博大"的12条经验：

1. "以小博大"不是盲目冒险，而是一种智慧的经营策略。

2. 商界的本质是在有限的资源中寻找无限的可能。

3. 真正优秀的企业家，不是拥有最多资源的人，而是能够"以小博大"，把不可能变成可能的人。

4. "以大博大"有风险，"以小博小"难成事，"以大博小"高成本，"以小博大"真智慧。

5. 在成功的企业家眼中，小生意也有大机会。

6. 小的投入，如果用在了刀刃上，就能产生大的效应。

7. "以小博大"的道路，是智慧与勇气的结合，是耐心与坚持的结晶。

8. 小，不是局限，而是出发点；博大，不是终点，而是不断追求的过程。

9. 拥有大格局，愿做小事情，在小处着手，才能在大处收获。

10. 小投入也能撬动大市场，关键在于如何巧妙地运用资源。

11. "以小博大"，需要明确方向、找准节奏、及时纠偏。

12. 真正的成功，不是起点的大小，而是能否"以小博大"，创造出不凡的成就。

三

在人生这场漫长且未知的旅途中，苦难犹如嶙峋怪石，横亘在前行的道路上，避无可避，每一次与苦难的短兵相接，都是在锤炼自身。企业成功的过程就是将不可能变成可能，由此实现洞见新生。

苦难中往往孕育着新生，从那密不透风的绝望幕布下努力透出希望的微光，创业是一场向死而生的逆行。那些打不倒我们的，终将使我们变得更强大！那么在风云变幻的时代浪潮里，如何抓住机会呢？

信息洪流每日奔涌，时事新闻、行业研报、前沿科技资讯，皆是暗藏机会的富矿，我们静下心来深挖细究，于字里行间捕捉社会变迁的风向，要从大众新兴的喜好、抱怨声里，敏锐地嗅出尚未被填满的市场缺口。我每天都会找人把信息做成剪报，还会用笔记本记录一些重要信息，以发现其中的蛛丝马迹。

我喜欢四处结交朋友，不管在国内，还是在海外。未来几年，出海将是企业不可或缺的一部分。我曾经在中东认识一位杰出的中国女性，她是江苏徐州一位农民的女儿，一无所有只身出海，经过多年打拼在中东迪拜收获了自己的事业和爱情。出海后你才能知道全球市场有多大，我们未必要一直挤在国内这个市场圈子里，这就是所谓的东方不亮西方亮！

在竞争激烈的商业版图中，探寻新蓝海已然成为企业破局、实现弯道超车的关键密钥。开启这片未知宝藏的密码，往往就隐匿于日常生活的细枝末节里。聚焦大众生活中的痛点与不便之处，恰似找准了开锁的孔窍，这是深入挖掘潜在商机的第一步。因为那些让人困扰、频繁吐槽的日常难题，背后实则暗藏着巨大的市场需求，亟待被满足与优化。

想要精准洞悉这些需求，与不同圈层的用户进行深度访谈必不可少。跨越年龄、性别、职业、地域的藩篱，与形形色色的群体促膝长谈，聆听他们最真实的声音。与此同时，前沿科技的发展、政策风向的转变，以及社会潮流的更迭，更是不可忽视的重要航标。而政策导向，犹如海上灯塔，为企业照亮合规前行的路线，顺着政策鼓励扶持的方向布局，无疑能获得更多助力。

找不到新蓝海怎么办？如果难以寻觅全新的蓝海领域，那么就巧妙地在现有市场格局里开辟蓝色航线，同样能驶向成功的彼岸。

以创维汽车为例，当下中国新能源汽车行业的"内卷"形势前所未有，从 2018 年的 487 家到现在的不足 50 家，大量企业在激烈的市场竞争中被淘汰。创维汽车选择深耕国际市场，在一定程度上避开了国内的惨烈厮杀，为自身发展赢得了相对稳定的空间和时间。

创维在战略上推行全品类战略，涵盖 4～18 米长的所有车型，这种全面的产品布局能够满足不同客户群体的需求，无论是个人日常出行的小型车需求，还是商用车领域的中大型车辆需求，都能在创维汽车的产品体系中找到对应的车型。全面对接多元场景，使得创维汽车的盈利维度多样化。

在技术方面，"闪充闪放"技术搭配 800V 全域高压平台、

4C 超级快充电池是创维汽车的核心竞争力之一。闪充功能可以大幅度缩短充电所需的时间，在超充环境下，创维 EV6 II 超充做到了充电 8 分钟续航 800 里，基本喝一杯咖啡的时间就能实现快速补能，这有效缓解了用户的"里程焦虑"。

全球首创的 100kW-4C 直流放电功能，对外放电持续功率高达 100kW 以上，能在紧急情况下为其他车辆提供电力援助，还可以实现车对家充电、车对柜充电等。

创维 3.0 主动健康技术中的非接触式健康监测系统通过车内的传感器和拍照等非接触方式，实时监测驾驶者的生命健康指标；主动睡眠促进技术，让客户更好地用碎片化时间休息，补充能量。

这些是创维汽车突围的几个关键点。从致力于引领全新生活方式，打造奋斗者的第三空间，到成为上班族午休能量补充站、全家出门旅游的移动便捷酒店、高效工作与休闲生活的同步、个人职业自由实现的最佳场景，由此寻找属于我们的未来。

洞见未来要跟随科技革命的伟大时代。以前有"学好数理化，走遍天下都不怕"，现在可以升级为 STEM，分别是 Science（科学）、Technology（技术）、Engineering（工程）、Mathematics（数学），这是一种跨学科的教育理念与整合性的学习方法，具有 STEM 素养的人才是未来的趋势。

在洞见未来的过程中，我们要持续学习，勤修内功待花开。找到一群志同道合的人共同学习，在寻得蓝海的漫长征途里，拨开迷雾，洞悉市场潜藏的趋势脉络。

此外，还要保持身心健康，多活一年可比多挣一年钱更重要，创业者应该把保证身心健康视为最重要的事情。我每天的口头禅就是睡好一个午觉，保持能量满满。创业者保持永续前进的动力可以归纳为三个字：睡、吃、动，即要作息规律、饮食均衡、合理运动。我对洞见新生也总结了13条经验：

1. 永远对未来充满信心，在每个转折点上都能找到成长的力量。

2. 洞见新生不是追随潮流，而是要具有前瞻性的思维。

3. 只有敢于拥抱变化并不断创新的人，才能在变革中脱颖而出，引领未来。

4. 生活的真谛在于不断探索未知，创造新的可能。

5. 洞察时代变迁，才能引领新生。

6. 洞见新生是摆脱旧有束缚，找到自我革新的必由之路。

7. 洞见新生，需要在时间的长河中守住那颗永恒不变的初心。

8. 洞见新生的道路充满挑战，但正是这些挑战铸就了不凡。

9. 洞见新生是一种觉醒，从沉睡中苏醒，看见不一样的世界。

10. 洞见新生，不是对过去的否定，而是对未来的热烈拥抱和积极探索。

11. 真正的强者，不是从未失败的人，而是从失败中不断站起来的人。

12. 身心健康是奋斗者永续前行的保障，活得久才能不断洞见新生。

13. 不经历风雨，怎能见彩虹，不经受考验，怎能成大器。

最后，让我们携手启程，无畏无惧地穿越苦难的荆棘丛，践行"以小博大"的智慧谋略，将不可能的天堑化为通途，拥抱洞见新生的希望曙光，拥抱变化浪潮，齐心协力共创璀璨未来！

黄宏生

2025.1.5

目录 contents

PART ONE

创业篇
难修能力，苦修智慧

为什么我们找不到合适的合伙人	8
现在还有能选的创业赛道吗	11
超越 90% 创业者的秘诀	16
创业者要警惕的三个陷阱	20
做"傻事"赚大钱	23
愚钝者如何战胜聪明人	27
什么人值得一辈子深交	31
我们靠什么结交贵人	35
如何让贵人一直帮你	39
服输才能学到真本事	43
不是兄弟，胜似兄弟	46
我为什么要活得苦哈哈	51
如何抑制心中的自傲	56
为什么坐经济舱	60
学会控制欲望	64

PART TWO

创造篇
以小博大，创造价值

如何在不同阶段有效花钱	72
打造爆品的终极武器	78
强者都是熬出来的	83
企业家的两副面孔	87
进化无界，牛人自现	91
趁年轻，让自己值钱	95
笔记本里沉淀重大决策	98
做好事业的传承	103
健康与事业的平衡	108
他山之石，可以攻玉	113
创业就是把不可能变成可能	118

PART THREE

创新篇
跨越边界，创造奇迹

你赚不到行动以外的钱	126
错误方向上的正确决定	130
未来，普通人还有机会吗	134
不怕错，怕不试	139
我们为什么摆脱不了贫穷	143
风口上的追随者智慧	147
如何最快改变自己	152
什么是真正的企业家	156
易破外敌，难除心魔	160

PART FOUR

创世篇
格局不败，敢为天下先

痛苦的人 or 快乐的猪	170
活出我的生命意义	174
以身试法，发现宝藏	179
乘风破浪出击海外	184
连接世界先进文明	189
宝剑、钻石和镜子	194
走进与神角力的国度	198
安纳托利亚	206
出海行路需谨防	210

POSTSCRIPT

后记

跨界，打造一个轮回	216
创维商学点亮商业教育之光	221

01

PART ONE

- 为什么我们找不到合适的合伙人
- 现在还有能选的创业赛道吗
- 超越 90% 创业者的秘诀
- 创业者要警惕的三个陷阱
- 做"傻事"赚大钱
- 愚钝者如何战胜聪明人
- 什么人值得一辈子深交

- 我们靠什么结交贵人
- 如何让贵人一直帮你
- 服输才能学到真本事
- 不是兄弟，胜似兄弟
- 我为什么要活得苦哈哈
- 如何抑制心中的自傲
- 为什么坐经济舱
- 学会控制欲望

创业篇

难修能力，苦修智慧

创维早期基地

2003年，北京，黄宏生与比尔·盖茨会面

2024年，黄宏生和曹德旺合影

2024年，黄宏生在福耀集团交流演讲

2021年，黄宏生途径八卦岭

照片中间的女士为丁凯女士

2024年，黄宏生在中马建交50周年庆祝大会上所用的背袋

为什么我们找不到合适的合伙人

很多人做生意，通常是先找合适的项目或行业，再根据具体需要寻找合适的合伙人。这种模式在生意规模较小时还算适用，但如果想把生意做大，就需要特别警惕其中潜在的隐患和风险。

中国的"夫妻店"非常多，夫妻二人起早贪黑地创业，等到生意做得有点儿规模后，夫妻反目、事业垮塌的情况时有耳闻。"夫妻店"还有另外一些走向，或者发展成家族企业，在很多岗位上塞满七大姑八大姨等一大堆亲戚，或者转向合伙人治理模式，对职业经理人委以重任。

我倾向于后者，比较重视合伙人机制。商业竞争有时像旧时代的军阀混战——抢钱、抢人、抢地盘，而关键在于人。这里的"抢人"指的是对高素质人才的争夺，我身边有一家企业在转型互联网企业时未获成功，老板各种抱怨，指责员工不尽责、推诿、欺骗，最终导致巨型企业倒闭。在任何时候，决策层面出现问题，首先应从老板自身找原因，怎么能把所有黑锅都甩给员工呢？这位老板后来干脆解雇了十几名高管，结果自己变成孤家寡人。我认为，即使你拥有一座宝藏，也得有个守门人，连看门的人都没有，那损失该有多大呢？

企业家要真正发自内心地对员工好，让员工愿意跟随自己奋斗下去。项目失败，原因可能是你选择的人不能胜任，没选对人是老板的错。选择对的人，核心在于建立一个正确的评价体系，确保每个人的努力在其评价标准下都能获得相对公平、公正的认可。

在创维从小到大的成长过程中，尽管面临过无数次生死抉择，但寻找和重用合伙人的这个策略，是坚定不移执行下来的。企业在规模较小的时候，团队建设注重"志同道合"；随着企业规模的扩大，相应的策略就要调整，团队建设则开始强调"合而不同"。

2000年左右，我和一个领军的职业经理人的合作到了水火不容的地步，最终走向决裂。这个职业经理人带着几乎整个销售队伍投奔到竞争对手那里，企业一时几乎遭受灭顶之灾。这个时候我该怎么办呢？是把家里的亲戚朋友都发动起来，替换掉所有关键岗位的人，还是继续重用职业经理人呢？

显而易见，要重用留下来的人，更加信任他们，赋予他们更大的权力，放手让他们去干，帮助公司渡过难关。

当然，在放权、让利之前，一定要把企业的管理架构和产权关系设计好，明确老板与合伙人的角色定位，明晰和界定清楚经营过程中的责、权、利。除去利益上的考量，老板与合伙人之间的关系归根结底就是人与人之间的关系，这种关系通常要建立在相互尊重、信任和合作的基础上，这样才能共同工作、决策和成长，实现共同目标。

"用人不疑，疑人不用"，这句话虽然简单，却包含了领导和管理的核心理念。信任应该建立在了解和理性之上，而不是在盲目的乐观和轻信之上。合伙人坑老板的事并非不存在，创始人突发疾病或意外去世，合伙人通过各种手段套取、转移资金，留给继承人一个空壳公司的案例也不少见。因此，在实践中，需要在信任与怀疑之间找到平衡。

寻找合适的合伙人，有时像寻找自己的伴侣，需要了解对方的背景，建立起相互的信任和良好的沟通，共享相似的价值观，拥有共同的愿景……这些都是至关重要的，也是团队未来的制胜法宝。

现在还有能选的创业赛道吗

有朋友开玩笑说，选赛道就像投胎，选对了可以少奋斗很多年，选错了即便拼搏一辈子，都未必能达到别人的起点。这话虽说糙了点儿，过分强调了先天条件，但也的确有几分道理。人的一生，有很多事情是不能选择的。

1988年，在国家外贸体制重大改革的背景下，我选择了"下海"前往香港创业。当时形势变化很快，至于在香港做什么、怎么做，说实话我心里并没有做好准备。到了香港后，我选择从熟悉的进口贸易入手，代理一些进口芯片从香港通关销往内地。初创时期的艰难远超我的想象和预期，我之前的工作单位是当时电子工业部直属的中国电子进出口总公司华南分公司，属于央企。没"下海"之前，有这棵大树庇护，我走到哪里都会受到尊敬，人前人后很是风光。但"下海"单飞后，发现真正的朋友寥寥无几，雪中送炭的更是少之又少，落井下石的反而不在少数。

当时，深圳著名的华强北路上云集了全国最活跃、最勤奋的进口贸易商，这个号称亚洲规模最大的电子产品集散地，每天人山人海，全国各地的买家纷纷前来采购电子零部件。

与大贸易商相比，我的实力不允许我与他们进行正面竞争，只能另寻出路。而与那些专门跑江湖的"倒爷"相比，我这个"下海干部"明显束手束脚放不开。当时沿海地区的很多年轻人，敢于坐着渔船从香港走私零部件到内地，既便宜又快捷。我这央企出身的背景，在面对那些"游击队"时束手无策，不仅没有通过贸易获利，反而亏损了不少周转资金，可以说是创业失败了。

失败后，我陷入深思：很多人都在做"倒爷"、做贸易，而中国的制造业大多停留在来料加工阶段，香港又不具备发展制造业的条件。经过慎重思考，我决定回到深圳大湾区深耕制造业，做深做细。我将电视机的遥控器作为新起点，先是开发电视遥控器供应售后市场，后来直接供货给国有电视机大厂，一度成为中国最大的遥控器供应商之一，赚到了创业以来的"第一桶金"。

我们常说，好的开始是成功的一半，选对赛道是创业的好开端。因为市场空间大，竞争对手少，即使投入不多也能获得丰厚回报，这便有了赛道"风口论"的说法——站在风口上，猪也能飞起来。我想在选择赛道时，创业者要注意以下几点。

一是要充分了解行业再做决定。深入了解行业的产业链，再决定要不要进入。多与不同行业的人交流，拓宽行业认知；多与客户交流，更深层次地触及行业，剖析产业链。

二是先不强求创新，活下去最重要。在创业初期，模仿和创新都很重要，一味追求创新，别人做过的就放弃，这种观念是不对的。创业比拼的是团队执行力，即使做一样的项目，执行力强的团队也能发挥出后发优势。市场往往不缺资金和风口，缺的是强大的创业团队。

三是切勿贪大。创业需要耐心和精力，不要一上来就想运营平台，而是要逐步规划和准备。项目体量过大，试错成本会高，短期内见不到成效，不仅会挫伤团队士气，还会占用资金，影响其他项目的运行。可以选择短期可行、有收益的项目，步步为营，理性创业。

四是早试错、快试错、多试错。很多成功的项目都是通过试错得来的，爱迪生发明电灯泡，经历了数百次失败，最终成功为世界带来光明。创业也是如此，尽早尝试项目，通过试错总结经验，才能拥有找到成功项目的更大机会，从而提升团队的创业成功率。

即便选对创业赛道，在细分赛道的选择上也要格外谨慎。我早年在造电视机之前，曾开发过一种电子产品丽音解码器，这是一种用于将粤语和英语同步翻译成普通话的解码器，虽然它能解决社会痛点，但由于它的普及成本太高，项目只能以失败告终，而且差点导致我破产，这是我创业初期最惨痛的教训之一，至今记忆犹新。

在创业过程中，创业者要对自己的能力有清醒的认识，千万不要把自己当成孙悟空，以为自己上天入地无所不能。每个人最好做自己擅长且感兴趣的事情，时刻聆听内心的声音。记得赚到"第一桶金"后，我在香港购买了一些唐楼，做起了包租公，但没过多长时间就失去了兴趣。原因是什么呢？结识不到新朋友，接触不到新商圈，还要时不时和不想交租金的租客打交道，甚至要发律师函打官司。

这种生活持续了一段时间，我又回到了消费电子制造业，造彩电、机顶盒、白色家电，使创维从一个小小的代工企业发展成为一个年产值 700 多亿元人民币的商业帝国。所以，做擅长且感兴趣的事情是我们每一个创业者的首选。

除了聆听内心的声音，创业者还要对外了解环境，简单地讲就是，伟大的时代，与国家同频共振，其实就是顺势而为，紧跟国家的政策方针和经济发展的步伐。

未来的创业赛道，我认为其中一个是"双碳"新能源产业，包括光伏、风电、储能，以及新能源汽车和与新能源汽车相关的服务业。另一个则是人工智能与服务业的融合，还有生物医药和大健康领域，这些都是能够改变人类生活的新赛道，其中充满无限商机。

我的创业思考：

超越 90% 创业者的秘诀

我经常参加活动，与众多创业者交流最多的问题往往聚焦在如何创业成功，在供过于求的拥挤赛道中如何成功突围，需要哪些力量和秘诀。我想先分享一个亲身经历的小故事，可能会对问题的解答有所帮助，讲述成功前我们需要做什么。

有一次，我到北京连续参加了几场重要活动。活动结束时天色已晚，可第二天早上 7 点半我还要在南京参加一系列会议，必须连夜赶到南京。匆忙赶到首都机场 T3 航站楼，但已经过了已订航班的登机时间。眼看登机无望，突然手机上显示当晚 21 点 30 分首都机场 T2 航站楼飞往上海虹桥机场的航班竟然有余票。真是天无绝人之路，当时已经是 20 点 35 分了，两个航站楼相距近 8 公里。不管三七二十一，我立即订票、办理电子登机牌。一番折腾，满身大汗地通过安检，紧赶慢赶，终于在关闸机前 1 分钟成功登机！

哇！这个小小的成功让人不由自主地欢欣鼓舞，对我这个"老头子"来说，在机场里跑来跑去，累得满头大汗，但结果是好的。只要竭尽全力，奇迹总会出现，让不可能成为可能。这也是我之前与创业者们常分享的观点：成功前，一定要有一颗坚定的心，不轻言放弃，坚持到底。

对创业者来说，要生存，要赚钱，要发展。成功前的一些转变无疑会让人如获神力，冲破层层障碍，克服种种困难。很多时候你可能会觉得自己的力量很单薄，但当你努力到足以感动"上帝"时，内心就会打开一扇门，任督二脉通畅无比，突然间就有了无穷无尽的力量。就像《西游记》中的孙悟空，能够降妖除魔，以一当十，这种力量就是神力。有的时候，创业就是在深山里打妖怪，周围一片寂静，只有你一个人，多可怕。但是当你突然有了神力之后，就能挥刀横冲直撞，消灭妖魔，迎来黎明的曙光。

一个人在成功之前，需要做出一些改变。我的建议是，哪怕你只做到其中一条，也可能超越身边 90% 的人。

第一，要有理性和原则。

心软和爱面子的人往往赚不到钱。可能你不懂得拒绝，或者这不好意思，那不好意思，最后苦的还是你自己。因为还没等别人开口，你已经分出去了一半的利润。

我认识的那些有钱的大佬，无论是香港的还是内地的，即便是做慈善，也是既有理性又讲原则的，不会肆意撒钱，该给别人的一分都不少，不该给的一分也不会多给。千万别抱怨为什么你那么努力，却还不如别人，多从理性和原则上找找原因。

第二，要有底线，敢跟别人说"不"！

太过考虑别人情绪的人也赚不到钱，因为你太在乎别人的感受。作为创业者，你不能忘记自己真正想要的是什么，否则很容易被人道德绑架，要求你必须做个老好人，而老好人总是会被欺负的。

稻盛和夫说过："欺负你的人因你的软弱而来，欣赏你的人因你的自信而来，不在乎你的人因你的自卑而来，爱你的人因你的自爱而来。"人最大的愚蠢，就是把善良给错了人，一辈子去迁就别人，只会迷失自己。你遇到的人，都是被你的能量吸引而来的，你越有底线，别人就越会高看你一眼。

第三，三年入行，五年懂行，十年称王。

每个行业的创业都是艰难的,我们宁愿十年专注于一件事,也不要一年做十件事。走得快的人未必能一直遥遥领先,走得慢的人或许会有意外的惊喜。关键不在于速度,而在于找到属于自己的节奏。

在成功之前,创业者需要多一点儿耐心,熬得住就能出众,熬不住就会出局。成功靠的不是豪言壮语,而是脚踏实地、持续不断的努力。

还是要回归阳明心学,"心是一切的主导",如果你有无比强大的获胜之心,懂得一些转变,定会得到神力。无论你在哪个赛道上,都能够克服种种困难,攀登上新的高峰。

我的创业思考:

创业者要警惕的三个陷阱

创业是一个充满风险和不确定性的过程,即便是成功的企业家也可能面临失败的风险。因此,我总结了创业者需要避开的三个陷阱。

第一个陷阱是自以为是,即人性中的傲慢。很多人在取得了小小的成绩后就觉得老子天下第一,恨不得让全天下的人都知道他有多厉害。这种自以为是的傲慢将造成一连串的错误和衰败。中国曾有一家著名的房地产公司"爆雷",我的两个朋友因此受到了严重影响:一位被骗走了 200 亿元人民币,导致公司破产;另一位损失了 48 亿元人民币,致使多年经营的企业被迫低价出售。为什么会"爆雷"呢?根源在于创始人的傲慢。这个房地产商在生意风生水起的时候,完全听不进去别人的意见,最后坑了国家和老百姓,让那么多人为他买单,这是发生在我身边的一件教训很深刻的事情。

第二个陷阱是保守。随着时代的发展和科技的快速迭代，创业如同逆水行舟，不进则退，仅仅依靠防御是无法长久的。尝试新的赛道或者开辟新的模式，尽管存在风险，但也有很大可能带来生机。反之，不进步，一定会垮掉。创维在香港上市时，公司在香港办公室的邻居是一个世界知名的音响和DVD制造商，高峰时期员工有数万名，但由于没有跟上互联网技术的步伐，慢慢地失去了市场，导致公司持续亏损，老板不堪重压，患上了抑郁症，最终跳楼自杀。这是典型的由于保守最后被时代淘汰的令人惋惜的例子。

第三个陷阱是不学习。很多老板要车有车、要房有房，各方面的资源都有，然而他们觉得读书没有用。读书无用论的观点是错误的，阅读能提升我们的认知，持续学习有助于保持进取心。除了阅读，参加各类讨论会也是一种学习方式，在交流中学习行业里的先进案例、管理模式和前沿技术。

那么领导者该如何避免掉入这些陷阱呢？

一是去除个人的傲慢和自以为是。向优秀的企业家学习，不断走访交流，你会发现厉害的人有很多，这有助于改变自己的自以为是。

二是从企业自身出发进行研究。借鉴行业内失败的案例，可以领悟到外部环境因素并不一定是致命的，创始人没有敢于向死而生、创新求变的勇气，才是真正的决定性因素。创新不一定成功，但不创新一定失败。

三是要不断学习，每天抽出至少1小时的时间来阅读。你可以看各种类型的书，可以看题目，也可以看内容，逐渐形成持续学习的习惯。这样你就能够保持与时俱进的节奏，在大趋势下不断进步。

在我所熟悉的圈子里，很多创业者追求的是公司上市、获取更高的利润。但是，一旦公司持续亏损，很多人就接受不了了。与创维同时代的很多制造业企业当年都曾红极一时，但是很多又湮没于时代潮流中，企业被迫停摆，创始人或创业者不堪压力得重病去世。

未来，如何避开创业路上的一个又一个陷阱，守得住现有的财富，并实现财富的增值和个人价值的最大化，对企业家来说是残酷的考验。那些所谓的成功人士，他们基本上都是踩着刀尖过来的——不断被痛苦压住，又不断翻身痛击痛苦。

做"傻事"赚大钱

卡耐基在《人性的弱点》一书中写道：人类需要各种精神食粮，而这些精神食粮只有在与各种各样的人的相处中才能获得。因此，人要培养丰富的同情心，去辅助别人，分担其痛苦，共享其快乐，否则无论成就多大，生命仍将是冷酷、孤独和不受欢迎的。

我有一个同学，原来在电子行业做得非常成功，后来因一场重病无心再创业，就把公司卖了。经过一段时间的专心治疗，病奇迹般地好了。走过一次鬼门关之后，人的思想往往会有所顿悟，他认为自己九死一生能活下来是上天给予他的巨大的福报，因为在三个人的病房里只有他一个人活了下来，这难道不是上天的垂怜吗？既然得到了上天的福报，他就不应独享，而是要分享给社会和他人。于是他将卖掉公司的钱又投资建设了十几家医院，这些医院分布在全国各地的二三线城市，专门救治那些得了重病但无力支付医疗费用的普通百姓。

最开始投资民营医院时，人们对他的善意并不完全信任，即使在他的医院看病成本很低,许多人还是选择去公立医院就诊,这导致他的医院生意惨淡。然而,他坚持了十年以低成本提供医疗服务,并逐渐赢得了民众的信任,最终获得了人们的认可和支持,甚至有患者跨区前往他的医院就医,一时间他的医院变得门庭若市。由于收费低,许多贫困患者能在他的医院里得到治疗,医院所治好的重症病例越来越多,这种将福报和爱心传递给大众的行为,受到了低收入群体的广泛好评。

这是用真心换真心的典型例子。长期把爱奉献给普通老百姓,十年坚持不懈,让更多的病人感受到他的爱、认可他的爱,也是将更多的福报回馈给自己。

学会爱别人,可能不会让你立刻成功,但成功一定会在终点等着你。"我们取得的大部分成就都得益于他人的帮助",爱别人,甚至将这种无私的爱毫无保留地给予他人,随着时间的沉淀,这种良性的互动和正向的传播,会让你得到越来越多的拥戴和认可,你的创业也会获得新的突破和成就。

我觉得取得成功有时需要逆向思维,当大家都在争着去抢座位、看电影、吃快餐、领免费券、抢购彩票时,我们不妨以一种平和、理智的态度面对,倡导利他之心,证明你的企业能够把爱传递给客户,赢得他们的尊重和支持,说不定会比争抢来的效果更好，也更容易获得事业上的成功。

我们来到这个世界上，除了爱他人，也要爱自己，但过分爱自己会导致自我膨胀。小的膨胀表现为饭来张口、衣来伸手，希望不劳而获，希望自己出生时含着金钥匙，永远不必为生活的辛劳和苦难担心。大的膨胀是什么？当一个人有了权力时，就会利用权力欺负他人，进而索取更大的个人利益。很多人的创业都带有这种传统的人性弱点，总想着先得到再付出。这样做，消费者可能拿你没办法，但他们会选择远离你，很多与你合作的服务伙伴不再和你合作，最终你会变成孤家寡人，陷入自己人性弱点的陷阱中。

世界著名企业家稻盛和夫，大学毕业后加入了一家经营惨淡的企业，很多员工因不看好公司的未来而离开了。稻盛和夫却认为公司遇到困难，自己为什么不能够出点力帮助公司渡过难关呢？这是一种利他心理——爱企业、爱他人。于是他专注于研究陶瓷，开发出的产品确实帮助公司渡过了难关，也为他未来事业的成功奠定了坚实的基础。

创维是一个创业的孵化平台。曾有许多人从这里走出去创业，有成功的，也有失败的。我分析过那些失败的例子，他们失败的主要原因是急功近利，未能将"利己"转变为"利他"，创业时只想赚快钱。如果创业者心里只想着自己，没有把心思和爱放到客户和消费者身上，产品存在很多瑕疵就急于推广，用户使用产品一段时间后出现问题，又没有完善的售后服务，那么最终会导致整个创业彻底失败。

成功的创业者，大多要先学会爱别人，再爱自己，这是一种逆向思维，通过这种方式克服人性的弱点，成功一定会在终点等待你。

我的创业思考：

愚钝者如何战胜聪明人

人的身上往往有聪明和愚钝两种特质，以聪明人或愚人来定义一个人并不是很恰当。

有的人确实天赋异禀、智力过人。以我个人的亲身经历，我和我的很多同龄人是1977年恢复高考后考上大学的，进入大学后的前三个月，我们都是在高强度地恶补高中时期的基础课程。

有一次，我们全年级两百多人参加高等数学课程的考试，时间限定为两小时，结果大部分人还在吭哧吭哧做试卷的时候，有十多个人半小时就交卷了，而且分数都不低，我称他们为神童。大学毕业20多年后，这些神童有出国的，也有在国内的，但在创业方面几乎都没有成功，反而我们这些做不完试卷的笨家伙，成为那一届出企业家最多的群体，创办的上市公司不下10个。

辩证地来看，这应该算是笨鸟先飞的结果。我们知道，论聪明程度我们比不上那些神童，但我们比他们勤奋，早早起来背英语，晚上挑灯夜战，不懂就问，虽然有点儿疲劳战术的意思，效率也不是很高，但正是这种日积月累的勤奋，到大学第四年的时候，我们与神童们之间的智力距离已经缩小了不少。像龟兔赛跑的故事，如果说神童们是兔子，那么我们这些不够聪明的人就是乌龟，经过长期的马拉松赛跑，乌龟最终超过了兔子。

创业之后，我们也曾有过对智商的崇拜，企业曾引进过微软的神童，15岁考上名牌大学，但是最后都不成功。一开始，我以为是企业的问题，可是那些神童到了其他公司也没有成功。因此，我深刻体会到，小胜靠智，大胜靠德，包括我们所需具备的专业技能，也不是成功的决定性因素。

当今世界，科技发展得非常快，全球化竞争无处不在，靠个人单枪匹马的"罗宾汉时代"已经很难取得成功了。创业者一定要有带领团队的能力，整合有效资源，才能够战胜某些高明的方案和独特的技能，最终脱颖而出。

在创业的江湖中，我们会发现创业者也分为两种：一种是聪明人，一种是愚钝者。依据我这么多年的经验，那些所谓"超级聪明的人"与"成功"并不能画等号。因为他们的聪明实际上更多的是利己，如果对自己有利，他们比任何人跑得都快。反之，对自己不利，他们比任何人逃得都快。而愚钝者成功的比例相对高一些，为什么呢？因为愚钝者想得比较慢、比较多，对某件事情要不要做，能否做到最好等考虑得多一些。可能市场已经被聪明人抢走了，愚钝者才姗姗来迟，但是他想好要做的事情，是经过漫长思考和琢磨的，他能做出不一样的产品和服务，所以愚钝者往往会后来居上，成功的比例更大一些。

中国传统文化中不就有《愚公移山》的故事吗？愚公不怕困难，亲率子孙常年挖山运土，最终感动上天将大山搬走。而智叟则以自己的"智慧"为傲，对愚公的行为持怀疑和反对态度。

很多聪明人在遇到挫折的时候只会想办法逃跑，就像《愚公移山》中的智叟，看似聪明，实则目光短浅。而像愚公那样的愚钝者则会坚持下去，直到成功。

令我印象最深的一个例子是，创维曾经涉足手机行业，选择了一个聪明人带领团队，那个人原来是一家大型企业的核心骨干，对市场的反应很快。于是我们如饥似渴地砸钱引入他的团队，让他成为我们的合伙人。后来我发现这位合伙人太聪明了，他的聪明表现在，凡是有失误的地方，全推给下属，埋怨他们不聪明，没跟自己汇报，反正搞砸了就是别人的原因。而凡是有一点儿小成绩出来,都归功于他,没有他怎么能有如此的成绩呢?这样的"聪明人"会成功吗?显然不会,后来我们的手机业务果真失败了。

愚钝者成功的案例有很多。在创维有一个创业团队的领军人物,他原来是学电子技术的,但是他更喜欢财务,于是转行做财务总监,后来出去创业。他是经过从技术研发到财务这些岗位的历练,才出去创业的。他做事情一板一眼、一步一个脚印,经历过很多挫折,吃过很多苦,后来重新回到创维联合创业,发展新的双碳产业,将创维光伏产业做到中国前三强。

起初也许看不出愚钝者有多大起色,但是在经历一系列岗位历练和创业打磨后,别人花十年能做成的事,他花了二十多年才磨出一剑,终于厚积薄发。所以,这种一步一个脚印的历练,看似愚钝的经历和爬行,后续会积攒更强的爆发力,这就是愚钝者和聪明人的不同吧。

什么人值得一辈子深交

人生的快乐要素之一，是不断结交新朋友。

如果一个人老待在一个地方，就不会结识到新朋友，周围只有几个人，没有说更多话的机会，只能对着空气自言自语，到最后都不愿意说话了，就会产生孤独的情绪。

科学证实，一个女人每天要说 2 万字才会心生愉悦，而一个男人，每天也要说至少 6000 字以上。内心的情绪要能够输出，找到人对话，否则压抑在内心世界里面的情绪，就会像压在心底的火山熔岩，在你的内心里面乱窜，产生烦躁和不安。

在生活中保持对事物的乐趣或兴趣很重要，我一生最大的乐趣就是不断地奋斗、做企业，直到我干不动为止。

做企业的乐趣在哪里呢？能够全世界地结交朋友。我在美国、德国、日本、韩国都有朋友，国内的朋友当然更多，从北京到深圳，在很多城市都有朋友，在创业过程当中结交朋友既是一种乐趣，也是一笔无形的财富。

我早期做遥控器时，曾发生过资金周转困难的问题，当时有个姓石的朋友借钱帮我渡过了难关。对于这样一位倾囊相助的朋友，我心中自是感激不尽，在自己资金周转顺利后，立马把借到的钱如数奉还，并赠送给他一些创维的股份。

那时创维还很弱小，对这些股份，石姓朋友根本没当回事，坚决不收，最后在我的真诚劝说下才勉强收下，算是我们名义上的合伙人了。后来我在造电视的过程中又遇到了麻烦，他又帮了我的大忙。

20世纪90年代初期，创维彩电的设计总部在深圳华强北路，但为了压缩制造成本，我把工厂选在了用地和劳动力成本都比较低廉的珠三角的一个乡镇工业园内。可惜当地的营商环境不好，在创维彩电订单爆火的情况下，工业园竟然要提前跟我们解约，不租给我们厂房用了，创维的电视机工厂面临被封掉的危险。在我绝望之际，恰巧在北京碰到了这位石姓朋友。

石姓朋友听说我的遭遇后大吃一惊，从身份上来说，他本身也是创维的合伙人，更何况他仗义执言的性格决定了他会帮助朋友化解这次危机。于是他马上打电话给在珠三角的朋友，通过他的人脉关系与当地政府官员、园区负责人和同行取得了联系，协调解决了各方矛盾。"封厂风波"终于在他的斡旋下得以平息，各方紧张关系得到缓和。

坦率地讲，我送给朋友股份的时候，只是单纯地感激他曾借钱帮过我，想用这样一种方式来表达自己的谢意。没想到"赠人玫瑰，手有余香"，感恩之心发挥奇效，他又帮助我化解了一次危机。因此，真诚地结交朋友很重要，懂得感恩也是一种无敌的力量。

子曰："老者安之，朋友信之，少者怀之。"其中，"朋友信之"是指朋友之间要能够相互信任，人与人之间不要猜忌和怀疑。

当然，创业路上也会有很多陷阱，你或许会碰到一些品德不好的人。他总想从你身上大赚一把，占不到便宜的时候，他甚至会做出威胁到你人身安全和事业的事情，所以结交朋友一定要慎重。

很多中小企业破产的原因是创业者与合伙人"三观"不合，甚至有些人心术不正，在利益面前背信弃义，甚至背后捅刀子，所以创业者一定要找对的人。什么是对的人呢？

第一，他是一个善良的人。他宁愿自己吃亏，也不去打击报复。有些人嫉妒心特别强，见不得别人好，哪怕自己的利益受到一丁点儿损失，他都会拔刀相对。

第二，他是一个专注的人。他要么专注技术，要么专注市场，要么专注管控，凡事蜻蜓点水的人不值得深交。

第三，他是有使命感的人。他不仅要能赚钱，还要在某个领域里有独特之处，能够给大家带来很多改变。

创业这么多年，我曾踩过无数的坑，国内、国外的都有，这些坑大都是那些心术不正的人引爆的，令自己损失惨重。在与人交往时，记得要远离老是讲别人不行的人，他们唯我独尊惯了，没有爱心，内心容不下别人，更不会与他人分享任何东西。坚守自己的价值观和人生方向时，不妨也注意一下他人的感受，那样你会赢得越来越多朋友的尊敬和爱戴，以及他们对你无私的支持和关怀。

一个人不要过高地估计自己的力量，所有的成功都来源于朋友之间的合力。人是靠两条腿走路的，一条是自身的才干和毅力；另一条则是广泛和无坚不摧的人缘。你会发现，在前行的路上，身边的朋友变多了，慢慢地，你也就成功了。

我们靠什么结交贵人

很多人迷信社交，希望在社交场合结交一些有钱有势的人，以此实现一夜暴富、一劳永逸。这种想法未免有些想当然，或许有点儿效果但十分有限，难以实现持续地向上社交，吸引到高层次人群的关注。

向上社交意味着与比你在社会地位或职业层级上更高的人建立联系和关系。这需要自信、真诚和一定的策略。每个人都希望认识大佬，大佬们那么忙，你该如何引起他们的注意呢？我不太推荐你去参加有钱人的高端活动，或者加入哪个高尔夫俱乐部或哪家高端的健身中心，但我可以告诉你，你要攀高附贵，去靠近比你厉害的人，首先要做好自己。

很多人在这方面往往搞错了方向，把大量时间花在一些无用的社交上，去频繁参加晚宴、拍卖会，或是朋友的聚会，如果自身没有一技之长或闪光的地方，大都是谈一些无聊的话题，这只不过是多交了一些酒肉朋友而已。

创业初期，我在深圳华强北路摆地摊，谁会注意到我呢？但是我搞了一款产品——电视遥控器，不要小看这小小的遥控器。当时国内生产的电视机大都是手动调台的，我们的这款产品可是抢手货，填补了那时国产电视没有遥控器的空白，很多国产电视机厂家都来华强北路排队采购我们的遥控器。通过遥控器这个桥梁，我找到了那些做电视机的央企、国企，与他们的书记、厂长建立联系，加上后期的关系维护，为我进入电视机行业积累了一定的人脉。

单纯地为了与谁结交而去巴结或讨好他没有任何意义，一定要做好自己才能够匹配上助推我们事业发达的贵人。不能认为，我今天在饭局上遇到了一个什么大佬，就幻想自己能飞黄腾达，怎么可能呢？只有自身具有足够引人注意的东西，才能够获得对方的认可，由认识变为结交。

2018 年，创维打造互联网电视入口的时候，百度找我们合作，百度的市值曾经是几百亿美元，创维家电的市值才 100 多亿元人民币，他们为什么找我们合作呢？因为我们打造了一个创维智能家庭入口平台——酷开系统，要引入互联网公司的战略投资，实现技术有效融合。酷开系统有 2 亿个家庭用户，这是一个极为庞大的用户群体，于是百度愿意给我们投资，双方团队谈妥后，要签订长期战略合作协议，于是邀请我到北京，我与李彦宏见了面，双方谈得很愉快。

当然与百度的合作不止于此，包括后来借助百度人工智能大模型打造的小维 AI 全系产品，不仅将百度领先的智能对话技术成果应用在智能助手和业务智能化提升领域，还为创维家电和新能源汽车插上了人工智能升级的翅膀。

与百度李彦宏握手合作后不久，腾讯马化腾也与我们签订了几个亿的战略投资协议，如此与大佬们结交的局面就打开了。你有优秀的东西能吸引到他们的注意，你的特长能帮他们解决痛点，双方就存在了交往下去的基础，这样才能够有效链接。

在这里，还有一些小的交往技巧值得分享。

首先，在跟大佬、高人在各种场所社交的时候，我们需要有一颗敬仰之心，以比较谦虚的姿态，获得他们对你的看重。比如，你曾经获得一个什么奖励，得到一个什么样的比赛名次，用这些东西引起对方的注意。

另外，我们需要找到大佬感兴趣的话题。比如，大佬的企业是某一领域的头部，你可以针对这个行业的技术方向提出一些自己的思考。

举一个小案例。2003年,微软创始人比尔·盖茨来到中国,在北京长城饭店宴请数百名中国企业家,那时的创维还只是家电业的一个小不点儿,跟微软那种世界级的大公司差距很大,我就思考怎样能跟盖茨先生说上话。我拿着酒杯来到他面前说:盖茨先生,我们是做电视机智能化的,是您发起的"维纳斯计划"的积极拥护者,在这方面微软能不能给我们一些技术支持,怎么能够与微软中国合作呢?"维纳斯计划"的核心是将Windows平台从PC扩展到其他终端设备,属于一项引领技术。比尔·盖茨先生一听就来了兴趣,他想在全球发动一场电视智能化的技术革命,我所提出的话题正好跟他的思考同步,于是我们聊了很长时间,后期创维也真的参与到了微软的"维纳斯计划"中。

链接大佬不能凭空想象,也不能单纯靠社交解决,否则你要在大佬那里敬杯酒,可能都排不上队!所以我主张求内不求外,与其参加各种酒局应酬,希望得到大佬的关照,倒不如深挖自身的潜力。

如何让贵人一直帮你

人类自古就有占卜的习惯，不管是对未知的好奇还是对命运掌控的渴望，又或是寻求心理安慰。

在命理学中，每个人都有自己的贵人运，也就是说，在某个特定的时间段或情况下，你会遇到对自己有积极影响的人。这些人可能是偶然相遇的，也可能是长期的伙伴，但他们的出现会为你带来好运和机遇。

在我的印象中，对我影响最大的贵人有那么几个，他们要么为我带来命运的转折，要么给我指明前行的方向，还有在危难时助我走出困境，或是助我在事业上更上一层楼，还有将我引领向参政议政舞台的。因为篇幅的原因，我不能一一将他们写出来，只能将他们深深地记在心里，偶尔从记忆中重现出来。

有一次，我要参加一场活动，偶然路过深圳八卦岭，当下心血来潮让司机转到曾经的创维总部所在地——深圳福田区八卦岭工业区 425 栋 2 单元。故地重游别有一番滋味，眼前所见早已物是人非，这个位于福田区东北角的工业区，曾经是改革开放后的第一批大型工业区，也给很多老创维人留下了深刻的记忆，极易勾起我们对那段奋斗岁月的回忆。这里也是创维两家上市公司的初创圣地，可谓风水极好，遇到贵人是水到渠成的事。

在珠三角乡镇工业园遭遇"封厂危机"后，我一直在给创维寻找新的落脚点，尽管石姓朋友帮我暂时稳住了阵脚，但不是长久之计。于是在熟人的帮助下我来到深圳八卦岭工业区，租了当时的电子工业部下的一家二级公司的仓库，准备将其作为彩电生产的备用基地。当时园区内还有电子工业部下的 RGB 电子有限公司，是中国彩电总公司与香港康力集团合资成立的，总经理是丁凯女士，我曾在电子工业部工作六年，算下来我们两人也是"老战友"了，再加上都是造电视的，所以双方关系逐渐密切。

当时 RGB 电子有限公司主要做代工业务，跟很多企业合作，创维当时规模很小，如果与 RGB 合作，只能排在最后面。我找到丁凯女士说，创维彩电拥有领先的国际线路技术，你们可以试一下。后来她接受了我的建议，把一部分产能给了我们，因为创维不断进行技术创新，她看到了我们对技术极致追求的毅力，产品比其他几家香港企业做得都好，所以很感动，就推掉了其他企业的代工订单，做创维的订单。后来香港康力集团撤资，一番洽谈后创维就与RGB"联姻"了，于1994年正式成立了深圳创维-RGB电子有限公司，丁凯女士代表深港双方出任董事兼总经理，我出任公司董事长。

如果因与RGB联姻就说丁凯女士是创维的贵人的话，有些牵强，最重要的是，成立深圳创维-RGB电子有限公司后，丁凯女士为创维解决"电视机生产许可证"立下了汗马功劳。当时创维电视只能外销，主要原因是没有"电视机生产许可证"，没有生产许可证，就只能贴熊猫、乐华、陆氏等品牌，再把产品卖到国内，自己掌握不了产品定价的主动权。

在这之前，我找过佳木斯、天津、黄河等十几家厂商，都没有搞定。丁凯女士被我寻求内销的执着所感动，跑上跑下，争取到了深圳市政府的支持，去北京部委寻求帮助，终于拿到了创维彩电的"准生证"，创维成为第一家取得彩电"生产许可证"的民营企业，令业内竞争对手惊诧不已。想想在珠三角乡镇工业园的走投无路，那里既没有人帮我们办理"生产许可证"，招来的大学生也落不了户口，而这些困难却在搬到八卦岭后全都解决了，让创维从此跃上一条快车道。

之后，我又有幸遇到李鸿安、张学斌、杨东文等人，他们在我身陷危机之时担负起力挽狂澜的重任，带领创维继续前行。今天创维的发展离不开施驰、吴启楠、王志国等贵人相助，他们为创维的开疆拓土立下了不可磨灭的功劳。

抛开一些类似玄学的东西不论，贵人之所以称为贵人，肯定不是简单地吃顿饭，或者在某个社交场合上认识，那些人都远远算不上贵人。我们从出生、上学到创业，每个人都有自己不同的经历，仅靠个人单枪匹马去搏斗，注定一生不会有太大的作为，甚至连生存都有危机。一个人要想在社会上生存和奋斗，离不开所遇贵人的相助，或者需要有人跟我们一起奋斗，他们能在你遇到困难的时候关心你、帮助你，助你走出泥潭。

说句老实话，贵人可能平时不显山不露水，但在关键时刻能起到重要作用。现实生活中每个帮助过我们的人都值得关注，我们也当以感恩之心回馈他们，成就大爱之心，这样必然会有越来越多的贵人扶助你。

服输才能
学到真本事

一个优秀的人，多是在不间断的学习中变得强大起来的。

有些人在自己弱小时，表现得很低调，但等到他稍微变强一些时，就会自我膨胀，仿佛"天王老子"第一，他就是第二。此时他陷入一种盲目自大的状态中，要让他承认别人比自己优秀，比自己强，那会让他感觉不可接受，甚至是一种侮辱。

"山外有山，人外有人。"假如连承认别人优秀都是一件困难的事，这样的人注定成不了强者。这固然有个人自负的原因，还有他对外部环境或时代认知不足的原因，不能持续链接优质资源，最终遭受孤立、抛弃，等到耗光自己原有资源而得不到外部输入时，再优秀的人都会走下坡路，最终与强者渐行渐远。

创业初期，我曾去过日本夏普公司，夏普是当年日本做显示器、电视机的领先企业。从日本企业身上我学到了什么呢？

那个时候改革开放才十年左右，我们国家还在解决温饱问题，日本已经是发达国家了，家电制造业涌现出很多驰名世界的品牌，像索尼、松下、东芝、夏普……与强者链接，你能学到很多东西，比如如何去创新，如何进行全员质量管理，如何面对全球挑战。这些企业都有独到的技术沉淀和管理经验。

这种向强者学习的习惯我一直保持到现在，我从不随便选择一个对象学习，而是直接跟世界级的强者学习，之后我还去过韩国LG、三星学习。走进他们的企业参观，与他们的高管、工程师交流，回来后转化成自己的东西，就能链接上这些优质资源了。

向强者学习并不困难，关键是迈过心中那道坎儿，承认别人的优秀而不自负，你才能保持谦虚、开放的心态，接收到外部信息的输入。要认识到自己还有很多需要学习和提高的地方，愿意虚心接受他人的建议和批评。保持对新知识、新观念的好奇心和探索精神，思考强者的成功经验对你有什么启示，并将这些经验应用到自己的事业中去。

2001年，创维从东芝、松下等日本公司聘请了一大批管理和技术人才，打造了一支国际化的团队。其中池内宏造先生是他们当中的佼佼者，对他的引进对创维帮助很大。池内宏造先生曾在美国、加拿大、泰国工作过，来创维之前在日本松下联营公司担任总经理，有30多年的国际企业管理经验，而且还是光电技术专家，"创维V12数字引擎"技术就是池内宏造团队整合和研究的成果。可以这样认为，引进优秀的日本管理、技术人才，让创维有机会学习到先进技术，并链接日本企业的上游合作伙伴，通过吸收和借鉴日本企业先进的质量理念和卓越追求，创维才能够超越竞争对手。

经过30多年的奋斗，我创办的企业从原先学习模仿美国通用电气、欧洲飞利浦、日本松下等世界级强者，到不断在电气化产业道路上完善产业链条，从产业链低端往高端发展，使得我们与中国家电同行一起，赶上并超越了索尼、松下、东芝这些日本企业。由此，才攒够实力，在新质生产力的新三样（光伏风电、新能源汽车、储能）以及智能制造与AI新赛道上实现了跨界创新创业，从家电进入光伏储能与新能源汽车，为人类打造21世纪绿色新生活贡献力量。

向强者学习是保持持续成长的一种有效方法，强者既可以是个体，也可以代表企业或民族，通过不断地向优秀的他们学习、实践和反思，我们才可以不断提升自己的能力和素质，为企业的发展注入新的活力和动力。

不是兄弟，胜似兄弟

福建与海南都属于南方城市，又靠海，人的面貌看上去有些相近。

做自媒体后，很多人留言，说我和曹德旺董事长长得蛮像，这让我受宠若惊，感到万分荣幸！曹德旺先生是我相当敬佩的企业家，也是我学习的榜样。即使他年长我十岁，可是站在一起，创业者身上那种自信的气质让我们颇为相似。以致后来有人问我们是不是兄弟？我只想说一句话：不是兄弟，胜似兄弟。

我认识的福建朋友不少，个个绝顶聪明，做资本运营、搞投资的很多。其中把实业做得极出色的就属曹德旺和他的福耀集团了。曹德旺董事长创办的福耀集团连续多年引领全球汽车玻璃技术与规模，2023年营收达330多亿元人民币，净利润数十亿元人民币，累计缴纳税费近百亿元人民币。贡献之大，令人敬仰！

从家电行业跨界进入汽车行业后，我有幸跟曹德旺董事长成为合作伙伴，创维汽车用的玻璃来自福耀集团。在业务合作和新能源汽车产业链条的构建上，我们找到了很多共同之处，而且都有着实业报国的人生追求。

企业最难的是基业长青。曹德旺董事长从一小片玻璃开始，致力于让世界上的每一辆汽车都装上他的产品，这种专注是值得所有创业者学习的。福耀集团这么多年来只坚持做汽车玻璃，在投资风口盛行的当下，能抵抗住外界的诱惑，一直低调做自己擅长的领域，这让我敬佩不已。

做企业就是"功夫到家"造物，是无中生有创造大美的绝活儿。时至今日，汽车玻璃依旧是福耀集团最主要的收入来源，占总营收的比例约九成左右。这种专注的力量在当下显得尤为重要。

与曹德旺董事长谈及过往，从他刚接手即将倒闭的工厂，研究出属于中国人自己的汽车玻璃，到去美国学习，让产品风靡美国、畅销世界，再到反倾销案胜诉，最后福耀集团成为全球第一大汽车玻璃供应商，这一步一步的艰辛历程，每一瞬间都让人敬佩。

生长在这个伟大的时代，个人际遇伴随时代发展起起落落很正常，难得的是能克服种种艰难险阻，通过个人拼搏最终登上人生巅峰。曹德旺祖上曾是上海大亨，后来家道衰败，从小生活不易，连学业都没完成，贩卖过水果、拉过板车，还修过自行车，没有完成学业也成为他心中一件无比难过的事情。

苦难是一种磨炼和修行，这是我们对苦难认识的一种共识和感知。 我从小也是泡在苦水里长大的，但与曹德旺董事长相比又明显幸运得多，我完成了学业，考上了大学。

实现个人财富自由后，人有不同的选择，有的人选择远赴海外享受退休生活，有的人选择坚守国内，继续创业。曹德旺董事长选择了后者，在继续创业的同时积极投身慈善事业，回馈社会。在他75岁之际，捐资100亿元人民币建了一所大学，建设了接近100万平方米的高端教研楼及配套设施，立志要传播企业家精神，培养世界级企业家，助力中华民族伟大复兴。我的财富比他少，只能给母校捐几千万元人民币，盖一幢研发大楼，但这同样是我表达感谢时代、回馈社会的行动。

其实，曹德旺董事长最让人敬重的不是他的财力和社会地位，而是他的人格。

首先，是他的爱国情怀，人们常说商人为富不仁，可是曹德旺董事长在发家之后不仅没有贪图享乐，而是时时刻刻惦念着祖国，惦念着人民，这是让我最为敬重他的地方。

有人给他算了一笔账，自1983年给母校捐赠桌椅至今，可以说每一次大灾大难，曹德旺董事长都是冲在最前面捐款的。到现在为止，他已经累计捐款近300亿元人民币，几乎把大半的财富都捐出去了。

在曹德旺先生看来，爱国是一种信仰，更是一种责任！

在这一点上我们不谋而合，"创维情 中国心"，创维品牌自成立之日起，就将自己的命运与国家的发展紧紧捆绑在一起，与国家同呼吸、共命运，始终以中华民族的伟大复兴为己任。

其次，是他心中有信仰。作为一个闽系商人，曹德旺董事长有一个不同的身份——有钱的佛教徒。他念经信佛，还亲自写了一本人生自传——《心若菩提》。

他说：人活一世，就是为了给他人带来幸福。要想真正成功，就要忠于国家，忠于人民，忠于自己的职业，敬天爱人。遵纪守法，遵章纳税，做事要考虑别人的利益。这是曹德旺董事长对信仰的注解，也是一生所在践行的。在他看来，心中有信仰，有所追求，企业在发展的过程中才不会迷失方向，才能突破重围，取得成功。

在信仰的道路上，如何才能做到不迷失，曹德旺董事长给出了以善为引、坚持自信的答案，我想这是所有创业者都需要学习的。在各种场合的发言或采访中，曹德旺董事长都以真诚不掩饰的态度，表现出自己作为民族企业家的担当和自信，我想也正是这种责任感和民族情怀，成就了他。

从县城玻璃厂的采购员到名扬中外的"玻璃大王"，曹德旺先生走了很远的路，以真诚和善意闯过了一个个难关。企业家很多，像曹德旺先生这样真诚的不多。始终不忘善心，你的方向才不会偏航。

我要好好向这位兄长学习！

我的创业思考：

我为什么要活得苦哈哈

"世人笑我太疯癫，我笑他人看不穿。"

——唐伯虎（明）

从早忙到晚，每天十几个小时紧凑的工作，在大部分人看来这是一种折磨，觉得我这是自讨苦吃，甚至怀疑我有自虐倾向。

对于我的这种工作状态，很多人是不理解的。很多人觉得有钱享受一下不好吗，为什么搞得整天苦哈哈的。我想说，一旦闲下来，我就会全身不得劲儿，心慌得要命。

对于一个奋斗者来说，悠闲、惬意的生活未必是其向往的，也不会给其带来多少快乐。而在自己擅长的领域中一点儿一点儿地取得进步，每天都能够去充实地奋斗，才会得到更大的快乐，让自己获得持续的心流体验，成就自我。

心流（Mental flow）是美国心理学家米哈里·契克森米哈赖(Mihaly Csikszentmihalyi)最先提出的，其是指人们在专注于从事某项工作时所表现出的心理状态，是一种将个人精神完全投注在某种活动上的感觉。心流产生的同时会有高度的兴奋及充实感，这种体验才是我最想要的。

在心理学家看来，心流体验往往出现在人们从事自己喜爱的活动时，会更多地发生在工作时，而不是娱乐时。原因之一就是，工作可以为人们提供有能力、有成就和充实的感觉。心流体验的发生很普遍，但不同的人在生活中产生心流体验的频率是有差异的。心流体验的频率高低，与我们的行为方式有关。一个愿意不断挑战的人，一个形成了专注习惯的人，一个从事自己感兴趣又擅长的工作的人，获得的那种美妙的心流体验是常人体会不到的。

其实，掌控工作并非易事，有太多的主客观因素，有的时候其确实是一种痛苦，但是日积月累的心流体验汇聚成一种掌控感，说得更贴切一些，是一种能自行决定生命内涵的参与感，这可能就是最接近幸福的状态了。

在成长和创业的过程中，奋斗者经历的苦难越多，战胜苦难后所收获的心流体验就会越强烈，越能感受到工作带给自己的持续的成就感和充实感，这种感觉让人乐此不疲。所以我愿意把每次艰苦的挑战都当作一个获得幸福感的良机。每次遇到重大危机时，我都会调动全身的细胞，把体能和智力发挥到极致，所有的心理能量都在往同一个地方使，那些对别人评价的患得患失、对物质得失的精心计算，都消失得无影无踪。这时候的大脑高速运转，所有的脑细胞就像一支有高度纪律性的军队，被井井有条地组织起来，高效率地攻克一个个难关。

这种感觉就像"心流"的英文单词"flow"一样，心里的念头像一条钢铁洪流，浩浩荡荡但又井然有序，势不可挡但又随心所欲，喷涌而出但却不会四处洒落，汇聚成一条水龙，冲开一切阻挡的泥石沙砾，创造和奔腾出新的力量。正是伴随一次又一次这样的心流体验，我在一次又一次的苦难中渡过险关阻遏，化危为安，逆风翻盘。

人的一生布满荆棘，任何人都不会轻易地取得长久的成功。成功的道路一定要有艰苦的付出和痛苦的坚持，只有时刻做好了吃苦的准备，才能在苦尽甘来的那一刻，体会到发自内心的喜悦和宁静，领略到与上帝握手的超然。所以，痛与苦是人摆脱孤独和迷茫，找到人生价值，获得内心平静的必经途径。在成功人士的生命旅程中，痛苦是伴随一生的。

有些年轻人并不认同这种理念，认为人生应该是追求快乐的，为什么要做痛苦的人呢？不同年代的人，不同的生存环境和成长经历，或多或少会影响人们对这个问题的看法，我该如何去解释和诉说呢？

我们所处的世界，充满着各种不确定的辩证和因果关系，你无法确定你的付出是否一定有回报，也无法预知你迈出成功后的第一步，以及是否还能迈出第二步、第三步……要想成就一番事业，很不容易。

我们这代人，从二三十岁出来创业，算算也有三十多年了，半个甲子的时光，所见、所闻、所感，早已让人看淡很多东西，包括名利、得失、成败，可骨子里不服输的倔强又让我们不愿停歇，有的人说那是执念，也有的人说那是理想……不管是什么，来到这个世界上，总要有所作为！

我是一个乐观的人，不乐观不行啊，人的情绪那么复杂，不乐观一些就会被其他情绪侵占。我之前分享过这方面的经验，在创业的道路上，先有痛苦的心理建设或准备，在痛苦真的到来的时候，反而不会觉得那么痛、那么苦，剩下最多的就是乐观。

想起之前做节目时有位嘉宾问我，为什么要活得这样苦哈哈的，创业是否就一定要搞得这么痛苦？

当时我说了一堆话，一位哈佛大学毕业的著名主持人帮我做了总结。他说，苦哈哈的状态可能是外人看到的，对黄总本人来说未必觉得苦，反倒是一种快乐。痛苦理念提倡的是一种个人的心理准备，而不是结果，当有了吃苦的心理准备后，人才会经得起挫折，敢于勇往直前、永不言败，痛过、苦过后的成功才是最快乐的。

我觉得他的解释最为恰当！

我的创业思考：

如何抑制心中的自傲

一位信佛的企业家朋友说，创业是一种修行，须清除五毒之心。一家倒闭的企业，往往都能在其老板身上找到自傲的影子。

每个人对佛教教义和理念的理解和感悟会有所不同，可是对五毒之心的贪、嗔、痴、慢、疑的认识都是一样的。早期创业时，身边有的人挣到钱了，就喜欢四处炫耀。当时摩托车是稀缺货，那些人就买了摩托车"扑扑"地停在我面前，转几圈后又"扑扑"地骑走了，留我在原地吃土。我那时没钱，对他们的这种做派很是不屑。后来穷则思变，也是为了让人看得起就逼着自己勇敢去闯，经历过数次失败后终于尝到成功的滋味。

事业稍有成就后，我告诫自己不能得意忘形，不能沉迷于一时的成功，否则会忘记感恩，忘记风险，产生自以为是、高人一等的心态。人都是有弱点的，或许一开始我们还能克制住，久而久之被人捧得高了，心态自然而然会发生微妙的变化，变得自负、傲慢起来，对周围的人横冲直撞，以致跟随在身边多年的朋友、人才流失，然后令自己苦不堪言。

后来我读到《万历十五年》这本书，有所感悟。书中讲了明朝中后期帝王的体制，揭露了一个超级帝国崩溃的缘由：一个帝王，一人之下，万人之上，却否定普通人创造历史的贡献，否定卓越社会人士、精英们的中流砥柱的作用。无论是在军事上，还是在经济管理上都做出过错误的决定，比如，万历皇帝罢免了做出卓越贡献的张居正，罢免了抗倭有功的将领戚继光等。对于经营企业也是一样的，作为老板，如果你高高在上，不能抑制心中的自傲，否定你的团队所发挥的作用，否定他们所做出的贡献，那你终会落得孤家寡人一个，最终创业将以惨败收场。

一个庞大帝国的崩盘，不是一蹴而就的，而是隐藏在自身的顽疾和帝王的傲慢中的。《万历十五年》这本书写得很深刻，尽管它讲的是历史，但是对创业者来说是非常有价值的。建设一个伟大的企业，企业的老板要对人才、对团队有爱心，不能自觉高人一等，颐指气使地坐在高处发号施令。

自傲的心态该如何避免呢？要知道，叫醒一个装睡的人很不容易，自傲的人未必不知自负带来的恶果，只是深陷迷醉中不能自拔而已。这个时候只需给他泼一瓢冷水，告诉他，当他们自傲的时候，就代表他们已经不属于他们所向往的那个圈子了——因为在那个圈子里，他们没有自傲的本钱。像前面说的骑摩托车炫耀的人，财富在他们手里是不会长久的。

改革开放的红利让很多人从一穷二白到暴富，很多人控制不住自己进入赌场，导致家破人亡，还有很多人禁不住资本快速致富的诱惑，乱投资，结果很快败光了手中的资金。创业最基本的精神是坚持不懈，要学会抵制诱惑、放平心态，要正确对待短期利益、名誉、权力、享乐的诱惑，尤其要抑制自傲。

人，都有宁当鸡头不为凤尾的心理惰性——因为大多数人只有在鸡的圈子里才能找到这种心理优势。而这种心理优势恰恰会消磨人的意志和奋斗的激情，在舒适区中不愿出来，在自我构筑的陷阱里越陷越深。

成功的企业家习惯向上看，所以自傲不起来；失败的暴发户习惯向下看，下面都是凡夫俗子，所以觉得自己了不起，这就是老板自傲的本质。

如果创业者真能做到巴菲特、比尔·盖茨或者马斯克那个程度,自傲些倒也情有可原。毕竟那些处在财富金字塔顶尖的人,在商界也算是得道成仙了,财富多少只是数字的变化,有人甚至做慈善、捐家产,如此清心寡欲,哪里还会自傲呢?

我的创业思考:

为什么坐经济舱

首先我要声明，我并不是一位禁欲主义者，也不是什么清心寡欲的道德模范，创业者对财富追求的动力是让其坚持到底、创业成功的关键。

所以我不反对个人享受。创业者挣到钱了，吃得好一点儿，房子住得大一点儿，无可厚非。我只从我个人角度来讲，几十年来我出差几乎没有坐过头等舱，为什么呢？

第一，坚持艰苦朴素的作风，是企业秉持长期主义的一个基础。

我们那个年代创业的企业家，有些人挣到钱后到哪里都坐头等舱，拥有自己的游艇，还有自己的私人飞机。在这里我着重强调的并不是坐头等舱还是坐经济舱，或是买不买飞机的问题，而是创业者们能不能建立一种艰苦朴素、长期主义的作风。

创维集团成立30多年来，面对那么多的艰难困苦，从20

世纪 90 年代全世界有 1000 多家电视机企业，到现在只剩下全球不到 50 家，中国不到 5 家。为什么？就是细水长流才能坚持到现在。从当年一年营业收入不到 10 万元人民币，到现在一年的营业收入是 700 亿元人民币，这与经年积累的艰苦创业的作风密不可分。

第二，我坐经济舱能起到一定的标杆示范作用。

创维发展到现在，产品销售遍布全球，大量的商务活动每天都在不同国家开展，产生大量的差旅费。粗略算了一下，因为我坐经济舱，集团所有的高管、骨干也坐经济舱，一年能节省上亿元的差旅费。我们会把节省的成本投放到研发上，改善产品质量，提升产品性能，造福消费者，让创维品牌享誉全球。

第三，坐经济舱和头等舱的时间是一样的。

对于搞创业的人来说，最宝贵的是什么呢？是时间，时间对我们来说是最重要的，要在有限的时间里争取最大的效率和结果。因此从时间方面讲，坐头等舱和坐经济舱是相同时间到达目的地的，去北京坐经济舱要 3 个小时，坐头等舱也是 3 个小时，以结果为导向，我选择坐经济舱。不是说坐头等舱就能够让你的事业更成功，虽说会舒服些，但我们要抓主要矛盾——时间是相同的。

此外，我一般选择坐最早6点左右或晚上9点半以后的飞机。这些时间段的飞机大都坐不满，整排的座位都是空的，那我干脆躺平呼呼大睡。个人享受这个轻松的有助睡眠的待遇，好过头等舱。

创业30多年来，我为中国航空事业的发展做出了不少贡献。为了事业满世界飞，在全国各地的基地之间飞，有时一个星期几乎每天都在天上，频繁出差，到一线参加活动。

我个人很享受经济舱，多快好省，从企业起步阶段，到企业发展壮大，我一直坐的都是经济舱。如果有可以分享的，我觉得创业者们一定要珍惜宝贵的时间，讲究效率，舒适是其次的。说句老实话，有很多种方式可以让我们实现轻松、劳逸结合和健康。

网络上往往流传一些胡编乱造的信息，例如，某某知名华裔，因为坐头等舱结识了传奇媒体大亨做老公，由此进入富裕阶层。这些消息的真实性我没有时间去论证，但是我觉得创业者出行不用摆谱，更不要为了讲面子去铺张浪费。坐经济舱能够体现你注重时间效率，体现你对节省企业成本的带头作用。

创业者不要介意坐的是经济舱还是头等舱。在市场竞争中,所谓的面子一分不值,只有结果才能证明你的伟大和社会地位。把一件事情做好,做好之后,所谓的里子、面子自然就都有了。

我没有游艇,更没有私人飞机,我坐的车都不超过 30 万元人民币,但这并不影响我与企业家朋友们打高尔夫、喝茶,畅谈人生,寻找财富的风口。

我的创业思考:

学会控制欲望

在中马建交 50 周年庆祝大会上,我有幸与两国政坛大佬在宴会上畅谈交流。有人告诉我,最闪亮的不是我本人跟两国总理的同框,而是我肩膀上的那个简单的背袋。我翻看了一下照片,那是一只我经常背着印有企业 Logo 的帆布袋。

是不是像个赶集的农民,有些不能登大雅之堂呢?追求精神成长的人,是无暇顾及身外之物的诱惑与牵绊的。

我的这个布袋使用非常便利,它可以折叠起来,很方便携带,没有名牌包上那么多的拉索、暗扣。我对物质的需求很简单,这个布袋很好地满足了我的需要。每次开会或者参加各种活动,我会在布袋里装上我的眼镜、笔记本、手机和保温杯,我的同事经常说这是哆啦 A 梦的袋子。我每天都要用保温杯喝水,保温杯平时都装在这个包里,我称它为生命之袋,也是万宝袋,帮助我保持旺盛的精力。这个布袋非常实用,比那些重且厚,又放不下多少东西的大牌手提袋要好很多。刚好还有一个企业的 Logo,是品牌的无形传播,成本也不高,随时收起，随时又可以展开。

工商界人士讲究高效实用，像 Facebook 的创始人扎克伯格，他就经常穿圆领 T 恤，他去超市一次买回十几件轮换着穿。还有很多企业家也都很务实，不讲表面的东西，简单实用，把主要精力聚焦在企业本质，解决重要的问题。

一个人的精力有限，身外之物和精神，总会此消彼长。人之所以有很多不快乐，有嫉妒、不满等情绪，很大的原因是物欲太强，想要的东西太多。

我们这代人，出生的时候大多家境贫困，经过社会动荡年代的人都经受过一些精神层面的洗礼和沉淀。为共产主义理想而奋斗的教育容易让人们保持一种纯洁的、没有私利的精神追求，应该说这种教育的力量和积极的效果是不可否定的，或者说，我们这代人多多少少都有那个时代的烙印。在有限的生命旅程中，人们需要学会选择与放弃，以便在纷繁复杂的世界中提炼出真正属于自己的精华与价值。

创业这么多年来，我一直没有专职的秘书。我不太依赖秘书，没有设专职的秘书，我的兼职秘书，大多时候是帮我制作 PPT 讲稿、订机票等。如果我发现哪个兼职秘书能力较强，我会把他推到市场一线，我希望能够发现这些人的潜质，然后培养他们自己飞翔，这是我身边留不住秘书的一个原因。

我不设置专职秘书还有一个原因，我看到过很多老板周围有很多人忙前忙后，人前很是风光，到了机场，秘书拎着包，助理取机票，司机推行李……这样的企业很难不失败，为什么呢？因为存在人力资源的重大浪费。人才是宝贵的，整天围在老板周围做一些抄写、传话的工作实在没必要。创维有20多个产业公司，如果创始人要配备专职助理、司机、秘书，那下面的产业公司每名董事长、总经理是否也要配备助理、司机、秘书？这样会形成一种上行下效的企业风格，在企业内部形成一个庞大的官僚机构，产生上梁不正下梁歪的风气，以致企业低效。企业发展风光的时候还能承受，一旦碰上经济波动就会不堪重负。

有一次，我去一个地方开会，组织单位派十多个人到机场迎接我，把我吓一跳，热闹归热闹，这种豪华的阵仗，前呼后拥的感觉让我很不适应。我们是创业者，创业者是要创造价值的，不是摆排场的。

我们这代人有几个特点，在追求理想和社会贡献上孜孜不倦，永不言休；有慈爱的情怀，珍惜国家当下这来之不易的局面，用自身力量持续为国家纳税，这种情怀已经不是用企业赚多少钱那么肤浅的标准来衡量了，而是一种高度的社会责任感；还有保持艰苦朴素的作风，不铺张浪费。

我的创业思考：

02

PART TWO

- 如何在不同阶段有效花钱
- 打造爆品的终极武器
- 强者都是熬出来的
- 企业家的两副面孔
- 进化无界,牛人自现
- 趁年轻,让自己值钱
- 笔记本里沉淀重大决策
- 做好事业的传承
- 健康与事业的平衡
- 他山之石,可以攻玉
- 创业就是把不可能变成可能

创造篇

以小博大，创造价值

黄宏生和张学斌共同揭开了创维等离子电视上市的精彩一幕

2001年，黄宏生与段永平、方洪波等朋友

2020年，黄宏生参加第七届全球深商大会并做演讲

做自媒体后，黄宏生拍摄"网红照"

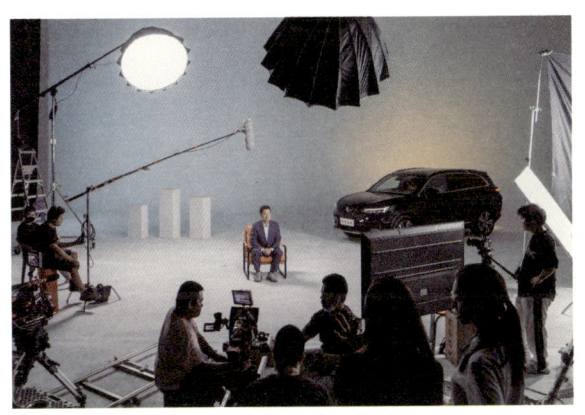

做自媒体的拍照幕后

如何在不同阶段有效花钱

不同的发展阶段，企业有不一样的花钱重点。按我的想法：创业初期要省着点儿花，成长期要舍得花，到了平稳期则要规划大额预算。

创业初期，多数创业者手里都没有多少钱，恨不得一元钱掰成几瓣花。因为到处都要花钱，如何把钱花到需要的地方，让好钢用在刀刃上呢？这就需要创业者谨慎而明智地分配有限的资金。比如，招聘技术团队、选择办公场地、购置原材料等，不可能对每个环节都投入大量资金，能省的环节尽量少花钱或不花钱。

1990年，我从香港回到深圳创业，手头资金所剩无几，怎么办？于是，我在华强北路找了一家电子工业部直属的招待所——迪富宾馆，在宾馆的二楼杂物间挤出了一间小小的办公室，租金极低，大大节省了创业成本。出差到重庆没钱坐飞机，只能选择一趟慢腾腾的绿皮火车,虽然票价很便宜,但要多次中转,出行时间会长很多,少花钱多受了罪。

与我们那个年代相比,现在的创业环境要好得多,只要有好的想法就可以融资,A轮、B轮、C轮等。在创业初期能够获得一些融资是最好的,可以帮助创业者挺过初期阶段所遇到的困难。但不要以为能融资就可以大手大脚地花钱,我身边有很多这样的失败案例。曾经有一家明星企业,在10年时间里融资几百亿元人民币,但由于缺乏有效的成本控制和管理,最终烧光了这些钱,上市失败,导致其陷入破产境地。所以,省着花钱和有效管理资金永远是创业过程中的核心要务之一。

企业进入成长阶段,要实现花钱变赚钱。市场竞争日趋激烈,企业随时面临被市场淘汰的风险,这个阶段要多采用"短、平、快"的方式,将资金投资到短期见效、能平稳收益的项目上。每一笔支出都要在心中仔细推敲,投资之前要想一想这笔钱花出去是否真的有效果;突发情况下企业是否有足够的备用金;如果投资者退出或客户不付款该怎么办;你是否有足够的资金和能力来处理这些突发情况。"短、平、快"的项目是实现花钱变赚钱策略的最好选择,也是企业成长期避免风险的重要方法。

创维彩电在起步阶段,一没有生产许可证,二没有品牌影响力，有限的资金都用在了技术研发上。然而，电视机的模具开销很高，购买生产线也花了不少钱，雇用的人工每月要按时发薪水……为了将创维的技术领先性变现，我们先通过贴牌生产，将自己的专利技术开放，吸引那些没有掌握先进技术的电视机品牌商来找我们代工，尽快实现资金回流，完成资金积累。把花钱变成赚钱，快速转变至关重要。创业成长期该花的钱要花，同时也要注重变现能力。

企业拥有一定的储备资金后，最好放长线钓大鱼，如此才是万全之策。企业要向更大、更强的方向发展，创业者要学会做一些长期规划。

2000年，创维在香港上市，在香港金融市场筹集到了十亿元人民币，我把这十个亿全部投入未来产业的项目，包括智慧城市、电脑、手机等。手头有了充裕的资金，且没有负债，投资时顾虑就少了很多，只记得使劲砸钱。当时那十个亿的投资引发了很大争议，因为十个项目中有九个失败，那十个亿的投资大部分打了水漂，仅有一个项目——电视机顶盒，活了下来。靠着机顶盒项目的成功，创维从机顶盒产业赚回了十几个亿的现金，弥补了之前投资失败的亏空，并打造了一家市值稳定在200亿元人民币以上的上市公司，创维集团占56%的股份，相当于100多亿元人民币的市值。该花的钱一定要花，如果一直捂着那十个亿不花，企业想有大的发展是不可能的，探索未来肯定要敢于冒风险。

度过创业的起步和发展阶段，步入成熟阶段后，企业有了稳定的赚钱能力，就要制定合理的花钱规则。企业若想再次成长，不仅需要对产品本身进行升级改造，还要花费巨资进行品牌宣传，让消费者长久记住。创维集团在2022年邀请了影视巨星刘亦菲作为广告代言人，推出了一个名为"共享家庭之美"的宣传片，这是创维有史以来最大的一笔广告支出。这笔钱花得值不值呢？疫情结束之后，创维品牌迅速在业内反弹，产品销量大幅增长，很大程度上得益于这个广告。

此外，创维品牌的整体解决方案是定义未来家电发展方向的关键。单一的黑色家电让创维遇到了发展瓶颈，所以十多年前创维决定进军白色家电，构建智慧家庭生态。在进军白色家电的过程中，先期投资巨大，因为制造冰箱、洗衣机、空调要从零开始，在寻找合伙人和技术研发上面我们交了十多亿元人民币的学费。通过十多年的技术积累和产品创新，最终在高级合伙人及其团队的努力下，创维的白色家电板块在2022年实现了扭亏为盈。创维洗衣机当年销量进入行业前三，冰箱销量进入行业前六，白色家电业务的销售额达到40亿元人民币，盈利2亿元人民币，成为扭亏为盈的转折点，这个大胆的投资又为企业带来了新的突破。

仅就创业者本人来讲，该怎么花钱呢？从初期阶段到现在，我一直保持着省吃俭用的习惯。创维的员工都知道我出差坐飞机基本不坐头等舱，创维在全球有很多工厂和分公司，全国各地也有很多基地，人员来往交流频繁，我的这种以身作则行为，为团队起到了示范作用，每年能节省数亿元人民币的差旅费。这不是我不舍得花钱享受，而是我喜欢把大笔的钱花在人才与团队的培养和引进上。简单来讲，我爱才如命，对其"挥金如土"。

创维的电视机机顶盒销量能成为世界冠军，背后有一个真实的故事。1997年，创维投资数百万元人民币在华中科技大学无线电系建立了联合实验室，研发宽带技术与机顶盒项目。经过三年的努力，博士团队和项目孵化成功，之后搬回了位于深圳的创维集团。在这个过程中发生了一个小插曲，一位领军的博士毕业时被美国的摩托罗拉公司招走了，我心痛得彻夜难眠。第二天，我找到那位博士，说我们愿意提供比摩托罗拉公司更高的条件和待遇，希望他能重新考虑留下来。我的真诚打动了他，这位博士最终留了下来。在他的带领下，创维从第一台机顶盒、第一个客户、第一个有线电视台开始，一点点成长。十年时间，创维从数百家中国机顶盒企业中脱颖而出，机顶盒销量成为行业第一；二十年时间，创维的机顶盒销量更成为全球行业之首。这位领军人物就是创维集团现任 CEO——施驰博士。

在人才身上投资一定是有回报的，回报大或回报小，取决于创业者能否深入研究，把钱花在合适的人身上。这对创业者来说是一个非常重要的选择。

我的创业思考：

打造爆品的
终极武器

短视频做得多了,就有人说我是在卖情怀。天地良心,除了情怀,我是一个踏踏实实搞实业的人,创维的产品可比我的视频火多了。

创业,总要有点儿拿得出手的东西,或成为你的大杀器,助你开疆拓土、抢占市场,或成为你的压舱石,帮你摆脱生存危机。我在创业初期制造的电视遥控器属于后者,但那个产品技术门槛不高,不值得炫耀。

创维以彩电起家,真正让创维崛起的产品还是电视机。从最初的国际线路电视,到如今创维 OLED 电视在中国市场占据接近 50% 的份额,三十几年的发展,跟随世界科技的发展步伐,创维彩电的迭代更新一刻也没有停顿过。

20 世纪 80 年代末,接收模拟信号的电视机的屏幕分辨率只有 30 万像素。到了 2000 年，随着数字技术的应用，屏幕分辨率猛然提升到了 200 万像素。2010 年之后，中国乃至世界的电视机的屏幕分辨率继续大幅提高，达到了 800 万像素。自 2020 年起，从日本、韩国、美国到中国，开始试播裸眼立体电视，分辨率甚至达到了 3200 万像素。

创维电视的"爆品"特质不仅体现在像素技术等方面的升级上，还与契合用户需求和时代发展相关。以 1995 年创维的"霹雳神"重低音彩电为例，这款电视的一大特点是声音洪亮，即使音量开到最大，声音也不会走音和变差，这在外观和音效等方面与市场上的其他品牌形成了较大的差异化优势。

那个时候，创维的品牌知名度不高，国内大城市的商场都不愿让我们入场销售，我们选择了"农村包围城市"的战略，销售人员直接在农村小卖部演示播放效果。那时，我们的对标竞品是日本东芝的"火箭炮"，但由于日本品牌价格太贵，农村有电视的家庭不多，农民对国产电视新品牌的接受度相对较高，尤其是价格便宜且质量可靠的。小卖部的电视机一打开，就吸引了村里的大人孩子前来观看。人一多，电视机的声音就要开到最大，没想到那声音半个村子都能听到，而且播放一晚上声音都不走样，依然清晰不变。通过农村的经销渠道，创维利用"霹雳神"重低音彩电在农村市场建立了良好的口碑，慢慢站稳了脚跟。

后来，我们凭借 29 寸彩电进军都市大屏幕市场，并在"霹雳神"音响的助力下成功打开了局面，同一时期市场上其他品牌的音响效果都难以与创维相媲美。因此，在 1995 年，创维在国内的销售收入达到了 8 亿元人民币，着实"火"了一把。

创维品牌真正崛起于 1996 年。这一年正值香港回归祖国前夕，我们与香港爱国歌手张明敏合作拍摄了一部名为"创维情、中国心"的广告宣传片。这部宣传片正好触动了国内民众炽热的爱国之心。当这段只有 15 秒的宣传片在央视播出后，一时间，"创维情、中国心"的口号响彻神州大地，传遍大街小巷。人们纷纷拿着海报涌向商场，点名购买创维彩电。原先拒绝创维彩电入驻的各大城市的商场也敞开了大门，欢迎我们的产品入驻。而在农村市场，经销商更是排着长队，申请成为创维的代理商。那一年，凭借"创维情、中国心"所蕴含的爱国情怀和创维先进的技术，创维成功跻身中国电视行业四强。这一经历让我们深刻认识到，连接到消费者的内心有时比单纯打造一款爆品更为有效。

在此之后，创维一直将爱国爱家的情怀注入品牌建设和企业经营之中，在援助贫困山区、援建希望小学及保护儿童视力等公益活动中孜孜前行。

近些年，在互联网技术的冲击下，传统制造业面临着严峻的考验。靠一款爆品行销天下的时代似乎不再有，单纯的技术手段和硬件的提升已不足以应对信息化背景下的高新技术产品的挑战，难以扭转产业的发展颓势。以 2023 年为例，彩电市场供过于求的形势极为严峻，全球出货量 1.96 亿台，同比下降 3.5%。彩电是创维的"共和国长子"，但在种种不利的形势之下，创维集团迎难而上，实现了接近 30% 的业绩增长，创造了 10 年来最好的全球增长业绩。怎么能做到这样呢？

业绩增长的背后是创维集团将组织创新、优胜劣汰和成本控制做到极致。在极限竞争中，只有具备独特优势才能创造奇迹。通过技术手段，创维实现了与客户端的"心与心的连接"，解决了家庭痛点，让人们重新认识和重视新型数字电视的价值。与此同时，创维还实现了手机与电视的"同屏共振"，用科技改变生活，用"心"改变客户的生活方式，让传统产业焕发生机，引领了电视产业的发展。

创维集团在三十多年的发展历程中，始终坚持长期主义，脚踏实地地关注产品、关注质量、关注用户的痛点，逐步赢得了社会各界的认可。企业在解决生存问题后，通过制度保障产品的科技创新性，重视研发投入，实现科技与销售人员的利益共享，推动企业向新型制造业转型和升级，持续推出了科技含量高、创新性强的爆款产品。

现在，新能源汽车产业的发展也面临同样的问题：如何打造差异化的产品，持续推出爆品迎合消费者需求，并避免陷入打价格战。中国当初引进美国的特斯拉，在新能源汽车行业引发了巨大恐慌。因为特斯拉是全球顶级企业，在中国实现本地化生产后成本降低，价格优势明显。中国新能源汽车企业拿什么去跟人家拼呢？结果几年过去了，中国新能源汽车企业凭借产品的差异化优势，不再在价格战上下功夫，而是与特斯拉比拼整车配置，比谁更舒适、更智能、更安全，赢得了亿万消费者的青睐。

因此，打造爆款产品的原则是挖掘以市场需求为导向的产品优势，企业研发新品不能拍脑袋决定，也不能由创业者、CEO或技术人员闭门造车。打造爆款产品是一个复杂的过程，要通过一系列的市场调研、产品策划、设计、开发、推广和销售等环节，形成"人无我有，人有我优"的差异化优势。最关键的是，要与消费者建立"心与心的连接"，这样的爆款产品才能长久。

强者都是熬出来的

我外婆那辈人比较迷信,喜欢拜神佛,一来寻求精神寄托,二来希望得到神佛的护佑,日子能过得更好。那个年代读书的人少,农村文盲率高,这种现象十分普遍。

我小时候跟外婆一起生活,不管走到哪里,但凡有神庙、佛龛,她都要去拜一拜,嘴里还念念有词地祈求保佑。后来有一件事改变了外婆。在我五岁那年,随外婆流浪到距离家乡一百多公里外的南渡江边的金沙镇,在那里生活了将近一年的时间。那时镇上没有自来水,居民的生活用水全靠从江中提取,无论是淘米、洗菜,还是大人小孩洗澡、洗衣,甚至是耕完地后泥泞的水牛都会泡在江水中,遇到节日杀鸡宰猪时,情况更是如此。那里的卫生条件非常差,很容易引发疾病。

在那里生活了一段时间后,我得了一场病,持续高烧不退,不是喝姜汤出一身汗睡两天就能好的那种感冒。外婆每天都去庙里求佛祖保佑,但病情不见好转,佛祖怎么不显灵了呢?孙子烧得越来越严重,都昏迷不醒说胡话了。幸亏她及时反省,背上浑身滚烫的我去了医院，经过一番排查，确定为传染病，我在医院住了两个月，终于活了下来。

人都有自己的信仰和生活习惯，但如果执迷不悟或沉迷于某种假象，这种信仰和习惯就会变成固执，对解决问题是没有帮助的。关键时刻，人要懂得反思和觉醒，不能一条道走到黑。对我而言，外婆能够从对神佛的崇拜中醒悟并相信科学，救下了我的命，这件事给我留下了深刻的印象。一个没读过书的人开始相信科学，不再盲目求神拜佛。

下海创业后，我遇到了非常多的困难和挑战，甚至危及自己的生命。1988年，我患上了严重的伤寒，当时正处于创业初期，生存压力很大，对创业者来说轻伤是不能下火线的，小病小灾都得扛过去，因此我发烧多日还是不愿停下来。直到感觉到再这样坚持，自己可能要"挂"了，我便想起小时候外婆背我去医院的经历，立刻去医院做了检查，结果证明再晚一点儿真的会有生命危险。人不能太过固执，忽视生活的规律和本质，这是外婆的反省给我的启示，帮我转危为安。

阳明心学认为，人的本心蕴含着无限的潜能和创造力，只有通过内心的反省和觉醒，才能实现对自身的超越和创造。在创业的道路上，没有那么多的美好和祝愿，更多的是残酷的市场竞争和让人焦虑的信息。欢心和愉悦是暂时的，苦难和挑战往往要长期面对。在这个时候，利用苦难和挑战倒逼自己，让自己去反省和觉醒也不失为一种有效的方法，这能帮助我们清除内心的杂念和贪欲，展现美好的心灵，实现自身的成长和进步。当然，这不会是一蹴而就的，是需要长期坚持和随时做好面对苦难、挑战的准备的，需要不断反思、学习和进步。

人的一生，总会有几次记忆颇深的失误。毕竟人无完人，我们没必要按圣人的标准去要求自己和苛责他人。遇到问题时，多从自己身上找原因才是明智之举。以我的经验，要想当好老板，就要少生气、少抱怨，不然事业还没成功，人可能气没了。20世纪90年代末，我成为中国的"彩电大王"之后，由于对内比较强势，说一不二，对外又听不进去劝诫，一度迷失方向，以致铸成大错，险些给企业带来灭顶之灾。

反思和忏悔不仅是宗教信仰对于人性的审视和监督，还有个人对于自己错误的认识与纠正，旨在督促人们要多做有助于个人和社会的事。这使得人们在认识到自己的错误时，能够采取行动予以纠正，从而减少对个人的伤害和对社会的负面影响。

忧患意识和反思精神，是企业家精神的重要组成部分。"生存，还是死亡？"这不仅是哈姆雷特之问，也是企业家之问。

在改革开放前，中国几乎没有形成企业家的商业文化，改革开放后，中国才慢慢形成了商业文化，涌现出一批批个体户和下海创业者，他们挖到了人生的"第一桶金"，完成了财富的积累和社会地位的提升。面对忧患意识和反思精神，不同的个体有着不一样的理解和应对方式，这也决定了不同的生命轨迹。有些人能及时觉醒，去除心中的不明和贪念，事业越做越大；有些人则沉沦于内心的堕落，不思进取，最终被时代的浪潮翻涌所淘汰。

人的觉醒，往往是在极度痛苦中通过反思和反省获得的，而不会在掌声和赞美中醒悟。尽管苦难和危机极其折磨人，但它们往往是推动事物向前发展的动力。面对不确定的未来，保持坚定的信心，从容面对一切磨难，时刻保持谦卑的内心，及时反省，创业者们一定能穿越困难，将不可能变为可能。

企业家的两副面孔

有人认为企业家必须冷酷无情，才能在商业竞争中取得成功；也有人认为企业家需要展现温情和人文关怀，才能构建良好的企业文化，赢得员工和客户的信任。

在不确定的未来面前，企业的生存与发展受制于多种内外部因素，仅凭企业家是否冷酷来判断过于片面。人是讲感情的，每个人都有七情六欲，企业家也是人，也会在感情的共鸣中焕发出温情。但在关乎企业生死的当口儿，没有霹雳手段，企业怕是生存不下去的。在经济时代，社会需要企业家去创新、创造价值，但不是割裂人性。

创维商学办了这么久，我和众多创业者讨论最多的是如何培养企业家精神、如何克服人性弱点，让人的心灵变得更丰盈。

在讨论的过程中，有的学员提出这样的疑惑：在企业发展过程中，企业家该扮演一个冷面杀手，还是做一个善解人意的老板？我之前说过，创业者最好不要做善解人意的老板，管理员工要对症下药。老板要精通管理，先要克服自己的菩萨心肠，就是古人说的"慈不掌兵"，过度的仁慈和柔情只会让手下看到你的软弱无能，带不来胜利。管理企业和统兵打仗一样，要克服无边界的仁慈，否则害人害己。

企业家所扮演的角色有时需要在某些情况下做出一些艰难的决定，比如裁员、降薪，这些都出于对企业和员工长期利益的考虑，因此必须做出艰难的决定。这可能让大多数人只看到了企业家"冷"的一面，那么"热"的一面该如何理解呢？

我观察了这么多年，认为企业家心中的"热"可以总结为以下几点。

第一，有使命感。能够造福社会，造福消费者，引领整个时代持续进步。创业不仅用来赚钱，更应聚焦社会痛点、解决就业压力、助力国家破解"卡脖子"难题的高尚行为。

第二，用创业来奉献大爱。企业家在创业过程中每天忙个不停，承受着宏观环境的政策变化、微观环境的竞争加剧和内卷，以及内部管理带来的层出不穷的压力，还有不被人理解的误会，但他们无怨无悔。为什么呢？因为企业家把创业当成奉献自己大爱的一种方式，一种为人类持续不断贡献的利他主义。

第三，有强大的内驱力。他们能不断学习、创新，内心渴望做事，想改变自己的地位、国家的面貌，他们不满足于现状，即便实现财务自由后依然日夜拼搏，去实现跨界创业，并有更高的认知去做出更大的贡献。

第四，以身作则。真正白手起家的企业家就餐时很少有剩饭剩菜，"谁知盘中餐，粒粒皆辛苦"，他们深知创业的苦和难，成功来之不易，懂得珍惜眼前所获得的一切，让他们能牢记初心，不忘本源。

第五，坚韧的毅力。创业是跳出稳定的舒适圈、踏入艰难生活的开始，会面临收入没有保障，进入没人帮助的境地，这时企业家的毅力和决心会让他敢于面对一切困难，散发出正能量，温暖周围的人。

第六，对人有包容性。见到每个人先看其长处，即使有人经常发脾气，也能夸他脾气发得好，时间长了，企业家身边就会凝聚越来越多的人气，很多人愿意跟随他，形成一群英雄抱团打天下的局面。

在企业发展的不同阶段，企业家的"冷"和"热"作为其行为、特质的表现会在不同的场景中呈现，不会只冷不热或只热不冷，唯有这样才能让企业在未来的发展过程中去应对种种危机和挑战。

我的创业思考：

进化无界，牛人自现

世上的牛人，分为两种：一种是天才型，另一种是进化型。

天才型的牛人，很早就已经具备了自己的核心优势，只是等待合适的时机发挥出来。进化型的牛人，一开始并不具备核心优势，他通过不断练习，不断试验，不断犯错，然后才获得优势，脱颖而出。

我曾经有一张和几个人在 2001 年拍摄的合影。在照片中，站在我左边的是步步高的创始人段永平，人称"段哥"，其创办的 OPPO 与 vivo 手机一直是闻名世界的双品牌；站在我正后方的是方红波——现任美的集团董事长兼 CEO，他成就了全球家电规模最大、创利最高的帝国；后排右一的帅哥是丁磊——网易的创始人，网易是世界互联网头部企业，他让网易成为"纳斯达克第一股"，市值 4000 多亿元人民币。现在来看，这几个人都属于天才型的牛人。

而我，在照片中坐在前排右二的位置，身着白色衬衫，人显得有些消瘦。2001年的创维刚刚浴火重生，在内外交困的亏损中被迫进行"再造生命"，当时刚刚平息了营销队伍整体背叛的风波，整个创维从内到外，从组织再造到人才引进都在进行一场前所未有的大变革。

也就是在2001年，我开始逐渐放权并退居二线。虽然不在一线了，但说到底还会睁只眼睛盯着，一旦有不满意的地方，我还是要介入的。当然张学斌他们这些优秀的经理人没有给我太多介入的机会，更多的时候我尊重董事会的决定，并以此确定了创维职业经理人的分权制度，规范了老板和职业经理人的定位，创维的经营管理逐步走向正规。大部分的创业者其实都是在不断进化中，从野蛮生长到逐步规范的。

企业发展步入正轨后，企业创始人就省心多了，不用再费那么多精力在日常经营上。后来好多人选择去国外生活，我也随大流去了加拿大，生活了有半年时间，但感觉整个人要颓废掉，所以又返回国内创业，持续进化自身能力。而段永平和我不一样，他在2001年事业巅峰时期直接选择了退休，隐退出国陪伴妻子。当时他才40岁。除了"爱江山更爱美人"，段哥萌生退意的想法，也是因为步步高发展步入正轨，事业上不用他太操心了。

虽然隐居海外，段永平一直在关注国内的经济发展。2005年，创维的股价大跌，段哥突然从美国回来找我打球，通过打球，他判断作为创始人的我是否还有力气击球，更重要的是，询问我是否还没有放弃创维的发展，得到肯定的答案后，他大笔买入创维股票。当资本市场观望创维是否还在成长的时候，股价从 0.5 元 / 股飙升到 9.9 元 / 股，此时段哥高位离场。

天才毕竟是少见的，我们大多数人其实都是需要不断进化的，而企业家更需要有持续进化的能力。很难想象没有持续的转型、进化、摸索，创维能否持久地存活这么多年。我们要看到人与人之间是有差距的，不能用进化型的体质去对抗天才的脑子。在追求成功和卓越的过程中，需要全面考虑自己的优势和不足，并努力在多个方面提升自己。

企业的发展潜力，本质其实是老板的进化能力，如果这个企业家能够不断地进化，企业的天花板就能够不断地变高，当某一天进化停滞，企业的增长也就停滞了。

企业家对企业经营这件事情的理解是一个综合体，涉及对事的理解（业务）、对人的理解（管理）、对钱的理解（格局）、对运气的理解、对做事方法的理解、对自己处世哲学的理解，这种认知不断升级的过程，其实就是企业家不断自我进化的过程。

如何让自己不断进化，这是非常关键的。如果你过去有某些方面的核心竞争力，那么不要停留在那个地方，因为那会成为你的障碍。人最忌讳的就是自满，企业家要做的很重要的事就是有规划、有目的地把核心竞争力放一边，与时俱进地去学习新的东西。我们在不断学习新的知识，并不断验证和改变，去适应不断变化的现实的过程，就是你不断迭代自己，持续进化的过程。

回看人类历史，人类能屹立于天地之间，不在于我们最初就知道我们在宇宙中拥有什么样的位置，而在于能够有错就纠正，在不断纠错中不断进化，因为这种进化，我们才得以在宇宙中活到现在。

我的创业思考：

趁年轻，让自己值钱

无论是在企业内部，还是与外部交流，我都十分关注那些可爱的年轻人。识别、提拔、重用年轻人，几乎一直伴随我创业历程的每个阶段。企业的竞争，归根结底是人才的竞争。作为创业者，要把事业做大做强，关键是怎么能够吸引、挖掘更多的人才。

哪些年轻人是我们渴望去赋能，并帮助他们成长的呢？

我想第一点，他应该是一个主动性比较强的人。不管是与人聊天，还是企业岗位的面试，我都会去观察他们的一些细节。他们在做事情的过程中，是不是主动去解决问题，去承担责任。

年轻人思维活跃，总会给人意外的想法和惊喜，在对话时大可不必过于拘谨，问一句答一句，主动讲出自己的故事很重要，这是年轻人推销自己的一个好机会。有些人可能性格内向，不太爱说话，但在讲起专业和工作心得来却头头是道，这也是主动性的一种表现。

此外，在年轻人的心里应该有想实现自我、要做出一些成就的强烈欲望。心是一切的主导，如果你的内心每时每刻都在想要做成事，想改变现状和未来，那么你将浑身充满力量，并愿意承受由此带来的痛苦和挑战。这也是年轻人引我关注的地方。

还有，年轻人要有独立的见解和见识，少些人云亦云。任何事情想要做大、做强或者做好，要赢得更大的成长，都需要有自己的见识，这个见识不是简单地说几句话，而是要有深刻的认知和感悟。这就要求年轻人不断地读书，不断地学习，不断地跟别人交流，如此日积月累，才能形成自己独特的见解。如果没有足够的广度和深度，那么他是不会有属于自己的想法和意见的。

我曾经观察过许多有成就的年轻人，他们大量利用人与人之间的交流来学习，或从一些书籍中汲取营养，有着非常独到的见解，这些人一定大有作为。要想拥有独立的视角，光有学历还不够，读书并不能代表有知识，学历只是受教育程度的一个证明，独立的见解才是学历的本质。

如果再讲得通俗一些，我们会选择那些具有"老师"特质的年轻人。我最深刻的一个体会是，凡有老师特质、有老师追求的人，一定非常可贵。为什么呢？

孔子曰，三人行，则必有我师焉。具有"老师"特质的人，通常会坐在朋友中间分享自己的成长故事，讲出自己的心得和感悟。在企业内部基层的讨论会上，他们通常会发表自己的意见，思考怎么把信息传递出去，比如搞科研、搞项目、搞销售，想着如何把产品设计理念、产品亮点传递给客户或消费者，他要通过持续学习，拥有足够的知识储备和经验，让信息传播得更有力度，让听者更信服。

肚子里有十桶水才能够传播出去一桶水，如果腹中空空，连水都没有，拿什么去传播呢？这也是我从创业中得来的一个经验，一定要找具有"老师"特质和潜力的人才。

年轻人的成功绝不是在有空调的房子里喝茶、看报就能得来的，而是来自踏踏实实的成长过程，愿意从最基层的工作做起，承受来自各方的磨砺和锤炼。不管是在创维，还是开沃，或者其他什么单位，认同企业价值观和肩负使命感的年轻人，往往更愿意与企业直面挑战，共赴未来。

笔记本里
沉淀重大决策

年龄渐长，人的记忆力有所减退，就像皮肤上的褶皱，即便敷上千层面膜和化妆品都遮盖不住，这是生理规律使然，我们都是人，不是神，不能违背自然法则而生存。

我从 1988 年摆地摊到现在，创维成长为一家全球知名的家电企业，30 多年来唯有一样东西没有离开过我，你们猜是什么？那就是始终跟随我的小小的笔记本。

俗话说"好记性不如烂笔头"，更何况创业面临千头万绪的挑战，还要有解决方案，笔记本就成为一个很重要的原始工具。遇到疑惑时，我会把问题先记录下来，之后再找人请教。如果不做记录，有些信息往往一闪而过就消失了，之后就忘记了，再想起来就不知是什么时候了。当将事情记录到笔记本中的时候，突然翻开笔记本，跟脑筋进行互动，或者找人点拨，就会有恍然大悟的感觉，知道该如何聚焦问题的关键点。记录下的信息在脑海里容易留下深深的痕迹，人们通常会对脑子里挥之不去的事情日有所思、夜有所梦，在这种状态下，如果第二天突然找到解决方案，那种快乐的感觉真是无法用语言表达。

另外，笔记本还有一个好处，随时进行知识积累。比如，有时我在书里看到某一句话，翻阅资料时发现了某一个重要的数据，都会将它们记录下来。不断地积累，使之成为你自己的资源，把社会资源、优质资源转化为自己的资源，这是一个非常原始但有用的知识储备和解决问题的有效途径。

自从开办创维商学后，我一直给那些创业的同学们讲授创业精神，传播企业家精神。他们时常问我，你怎么思路这么开阔，好点子源源不断，别人好久都想不出一个，你怎么一天有这么多个呢？这就是因为做笔记以后，我会带着笔记中记录的问题去看书、找人讨论，有明确的方向性。看书的时候摘抄精华，通过记录的问题去找工具书，可以做到事半功倍。这是一种高效率的知识转换，否则你看过一部长篇小说或一篇长长的论文，看过之后很快就忘了。通过记笔记能够做到实践跟知识有效融合。对我来说，如果没有笔记本，我会觉得自己好像少了很大的助力，有了那些笔记本傍身，自身就像拥有无穷的力量。

美国前总统奥巴马是一个有雄辩口才的人，他的演讲水平是公认的美国历届总统中最杰出的。他的演讲之所以这样有感染力，在于他也有笔记本，时常记录下他的思考过程，在写的过程中形成一个自我对话，建立起一种策略思考的关键心智模式，这也成为他成功竞选总统的秘密武器。

在创维集团成立三十周年大庆之前，我们准备召集数万人参加庆祝大会，有一万多名创维骨干员工，还有创维全球的经销商，以及战略伙伴、媒体朋友。如何举办一场精彩的庆祝大会，给参会人员留下深刻的印象呢？思来想去，我在出差途中随手在笔记本上写下"一个中国梦的传奇故事"，想把自己的历史过往，一点一滴沉淀下来。在 2017 年筹备大会的时候，我把这些点子都转给了创维组织大会的主办人员，结果那场大会开得非常成功。

2010 年我开始关注新能源汽车的发展，那时全球新能源汽车几乎没有任何声音。我先是关注了两轮电动车取代摩托车的现象，发现电动自行车充一次电能跑二三十公里，判断可能是一个机会，于是我将这个发现记到笔记本上。后来我将每一次观察都记录到笔记本上，久而久之就像一份调查报告，由一点点信息的积累，慢慢汇聚成了新能源车的"星星之火，可以燎原"之势。经过长期的记录观察，我能很直观地发现所记录的数据、文字会自然形成心中的答案，不是靠什么文献，也不是靠什么行业分析报告。于是在 2011 年我果断出手，花了五亿元人民币收购了一个地方政府的老牌国有车企——南京金龙客车制造有限公司。

通过日常的记录，形成变化的积累，再将之运用到大的决策之中，于是下定决心，拍板定论。在笔记里面日积月累，沉淀出了一个重大决策。

从造家电到跨行业造汽车，我随时随地学习汽车知识，以期尽快掌握一些汽车专业知识。我在随身携带的小本子中夹了很多纸条，有空了就去查资料或是跟车辆工程师们讨论，为了防止纸条掉落，我会用橡皮筋箍住，看起来有些不上档次，但很实用。

有人疑惑，用手机或 iPad 记录是不是更方便？电子产品的功能越来越多，尤其是微信、短视频等功能层出不穷，使用的时候很容易分心，所以还是回归自然的好。聚焦所记录的信息，否则正记录着思考的问题，屏幕上突然蹦出一条信息，你稍有分神灵感就消失了。当然，这是我个人的习惯。现在的年轻人比我们那代人聪明多了，用平板电脑、手机的效率可能会更高，这还要根据每个人自己的判断和习惯来选择。

使用笔记本表面看似老套、传统，但本质上是心灵的深刻记录。王阳明先生说"心是一切的主导"，这颗心的变化随着情绪波动被记载下来，自然成为我们面对新工作，面对重要的事情的一种践行。

我的那些笔记本不会乱丢，写满后我会找个地方将其存放起来，没事的时候，或者需要的时候就翻阅一下，这可比刷手机短视频有意思多了。

我的创业思考：

做好事业的传承

曾有网友问我,拿父母的钱创业丢不丢脸呢?

我说,不丢脸。如果想让父母对自己更有信心,可以写个借条或保证,不会辜负他们的期望。立下誓言、承诺是对自己的一种鞭策。即便失败了也没什么大不了的,有承诺必有成功。

得益于父母的关心和资金支持,又不要付利息,创业者会有一个好的开端。否则像我当年创业时一穷二白,差点儿连小命都丢了,没有太多的依靠。当时想得太简单了,在香港做点儿小贸易,做录像机组装、音响组装,结果赚不到钱,生了重病,差一点儿"报废"在出差的一家小招待所的床上。

创业是九死一生的事情,什么年代白手起家都不容易。如果父母能给你一些支持,让你能够义无反顾地去做,事业的成功率会高很多。

借父母的钱创业成功最典型的例子是李嘉诚的小儿子李泽

楷。他向父亲李嘉诚借了一笔钱，他借钱可不是简单地去打工，而是收购了之前英国人管理的香港电讯。成功收购后，香港电讯成为他事业的一个坚实的平台。如果没有他老爹的支持，靠他自身一点点地积累，创业规模不会有这么大。

我的儿子从国外毕业后，先是去了台湾的台积电搞芯片，工作几年后才回到创维一家软件公司上班，从普通职员做起，然后一步步升任那家公司的总经理、董事长，再从那家公司调到创维集团总部，慢慢执掌整个集团。这方面有他自身努力的因素，也有我先期创业给他打下的基础，这是中国人正常的一种传承。

传承事业是一项人类共有的挑战，它的困难之处主要表现在以下几点。

1. 创业容易守业难。

2. 没有经历过苦难，你就不容易掌握解决问题的真谛，看到的只是表面的东西，真正的问题你认识不到。

3. 没有理解和继承到上一辈创业精神的核心内容，你以为一切都可以用钱来搞定，但对一个企业来说，钱不能解决一切。

中国人常说，富不过三代。可为什么欧美，包括日本，那里有很多富过三代的百年老店呢？长的甚至有十代了，所以这个命题是不准确的。从我了解到的信息来看，目前的家族传承主要分两个方向。

一个方向是，父母在自己的孩子中寻找出类拔萃的，将其培养为企业未来新的核心。

另一个方向是，传贤不传亲。选择那些在企业里面长期奋斗、价值观相同的、年富力强的人来承接。像美的就是一个很好的例子，我的好朋友何享健，广东著名企业家。他没有把美的直接传给儿子，而是传给了安徽人方洪波，让美的市值由原来不到1100亿元人民币，发展到现在的3000多亿元人民币。这种事业的传承就是传贤不传亲。

在美国，这两种方向也是同时存在的，洛克菲勒把企业传给了自己的儿子。但是IBM，还有微软的比尔·盖茨都没有传承给自己的孩子，而是传给了企业的贤人。创维现在同样是两个方向同时进行。

一方面，家族里的人在企业中得到锻炼。另一方面，经过创维数十年的奋斗，产生了一大批出类拔萃的具有企业家精神的人才，将他们变成股东。他们大都是从基层做起的，在企业奋斗十年以上，能够深刻理解并复制创始人所留下的传承。传承这件事最好不要搞空降，空降的失败率非常高。

中国人现在所说的"富不过三代"，大都是指1949年新中国成立后的近30年时间，一直以公有制为主的所有制形式，这段时期不存在家族产业。因为1949年之前的大部分家族产业历经战争或后期的改造，基本不存在了。1978年后受惠于改革开放政策，国家面貌出现翻天覆地的巨变，家族产业随着政策的变化，得到了较大程度的发展。

改革开放后成长起来的企业家，他们从小对国家繁荣富强充满憧憬，带着理想而奋斗，持续地努力，内心世界不断提升。他们所取得的成就与自身对理想的追求，以及不屈不挠的奋斗有很大关系，这种敦厚的思想基础，使他们达成了在社会上的伟大成就。

通过艰苦奋斗，在国家财富增长的过程中企业家及其家族也积累了足量的财富，并总结沉淀了企业的核心价值观，这些是企业可以分享及传承的。在香港，有很多家族由咨询公司来研究是否能够传承的问题，现在内地也有很多企业家在逐渐研究二代接班人及传承问题，他们会向香港、日本等有经验的企业学习。所以事业的传承，我的理解有多种模式：

1. 让传承人从基层做起，每一个重要环节他都能胜任，这种传承的成功率会增加。

2. 隔代模式，像香港新世界是最典型的例子，不传给儿子，让孙子来接班，建立职业经理人和家族的共同管理机制。

3. 启用在企业奋斗多年的优秀职业经理人，像美的的模式。

我的创业思考：

健康与事业的平衡

才饮马来水,又游泰国河。琐事太多,总让人身不由己,一个月内我已记不清飞过几个国家和地区了。

同行的人一开始担心我的身体能否吃得消,后来发现这种担心是多余的,我甚至比有些年轻人都"抗造"。十几年前我可不是这个样子,创业的艰辛和各种劳累透支了我的身体,导致高血压、腹泻等慢性疾病时时折磨着我,搞得我老婆每天像医生一样盯着我测量血压,少吃高糖、高脂肪的食物。

有一次参加某省长的经济顾问会,飞机很晚才到达,加之我连夜准备大会发言,睡眠严重不足,导致第二天发言时头痛欲裂,浑身直冒冷汗,蹲在地上起不来。随行的同事见状赶紧把我送到医院急诊室,血压飙升到 200mmHg,差一点儿脑出血而亡,那一次真的是与死神擦肩而过。在这之后,我下决心要把我的高血压治好,把我的身体调理好。

从那之后,我每天无论多忙一定要睡午觉。中午吃盒饭也好,跟团队、客户一起共进午餐也好，之后我一定会留半小时来睡午觉。以前在办公室睡不着，因为办公桌上有太多的文件，很容易让人焦虑，很多文件急需表态、签字。后来，我找到了深度午睡的空间——在电动汽车上。深度午休之后，人的精力旺盛，可以工作到晚上十点多。

还有，我会利用一些碎片的时间进行休息。比如，我某个星期六的行程是乘坐晚上八点半的飞机去东北出席第二天的一个千人大会。因为飞机晚点，到达酒店时已经深夜两点了，赶快洗漱一下睡觉。到早上六点半起床只睡了四个半小时，起床后吃早餐，参加千人大会。在大会上跟各个团体交流，还有讲话分享，一直忙到晚上七点半。之后要迅速赶到机场，同样是乘坐晚上八点半的飞机，飞回深圳，到深圳已是深夜12点半。如此24小时连轴转，但我会利用碎片时间实现深度睡眠。一上飞机就把眼罩戴上，没几分钟就呼呼入睡了，一直睡到飞机落地，空姐送水、送饭一律拒绝，保持睡眠状态。所以这24小时虽然在床上只睡了四小时，但在飞机上我睡了两个两三个小时，基本满足了健康的需要。

创业者保持健康的身体很重要，当然这个健康的过程会与你的亚健康、小毛病相伴相随。我还是要提醒一下大家，不要随意乱吃药，这对身体的伤害巨大。可以通过饮食、喝水、睡觉让那些小毛病慢慢消失，而不是轻信某些保健品的宣传，没有那么神奇的疗效。如果生病了，即便有钱人也买不来健康，所以一定要认真对待自己的身体。没有健康，后面一切都是零，这点我有最深刻的体会。

我的健康秘诀是三个字：睡、吃、动。做到这三点，基本能实现健康的标志，也是三个字：白、胖、美。白，指皮肤，人的外表不再黄而黑，说明一个人的肝功能及肾功能是正常的；美，指善良和利他主义；而胖在中间，胖子最重要的特点是，能吃，能睡，能干活，深度睡眠很重要。

我研究过一些中医理论，"深度睡眠"能帮助人提高免疫力，是保证人身体健康的万病良药。中医理论中关于"中气要保持恒定"的观点，与神经的放松和睡眠质量有着密切的联系。通过调理脾胃功能、保持中气的恒定，可以有效改善身体的整体健康状态和精神状态，从而有助于放松神经、改善睡眠质量。

现在我只要有两天睡不好，嘴唇上就会起泡，舌头就会肿痛，吃东西、喝汤都成问题。以前每年都要感冒发烧好几次，这十几年来，我没有发过一次烧。

我观察过很多创业者，偏瘦的人往往几年后就见不到了。

不一定是生命的消失，而是因为生意需要付出的精力太多，身体单薄支撑不了事业的发展，生意做不下去，就消失在创业活动中了。

我每天早上六点前起床，做拉筋运动。很多医学书籍中都讲到经络畅通的重要性，例如拉筋可以活气血，疏通经络，柔软筋骨，可治疗高血压、糖尿病、颈腰椎疾病等多种亚健康疾病。"骨正筋柔、气血自流，筋长一寸、寿延十年"，说的就是拉筋能够使骨头复位，筋络柔韧，这样气血才能通畅，筋络每拉伸一寸，就能延长十年的寿命。

早上快走几公里，出一身大汗，回家冲个澡，我天天如此。在中国人的传统习惯中有很多不好的习惯，20世纪80~90年代我去美国时，看到周末有很多中国人在家打麻将，打得昏天黑地，而很多外国人则在公园跑步。有一个健康的身体才能活得长，否则钱再多也没用。有些人很爱喝白酒，少量喝白酒没问题，但最好喝一些红酒。另外，要长期寻找快乐，享受快乐，心情好对健康的贡献度占60%，其他的占40%，创业本身那么辛苦，一定要不停地寻找快乐。

对现代人来说，健康是巨大的财富，是人生的本钱，更是事业成功的前提。在企业的经营过程中，会面临数不清的挑战，尤其对民营企业家来说，这种压力会更大，没有好的身体，有再多的想法都没用。

我二次创业制造新能源汽车，现在来看，在创维汽车上我们做对了一件事，那就是打造健康移动睡眠空间，从健康 1.0 到健康 3.0，让驾驶者与家人享受深度睡眠，绿色环保且安全。做企业最大的乐趣是什么呢？就是能造福普罗大众，这是非常有意义且快乐的事情。

我这十几年天天在电动汽车上睡午觉。这些年下来，一粒降压药都没吃，血压恢复正常了。另外，我长期的习惯性腹泻也好了，这很神奇啊！

我的创业思考：

他山之石，可以攻玉

我是一个喜欢读书的人，常年订购一些全球知名期刊，以此了解世界的前沿科技和资讯，也会阅读一些书籍，滋养心灵，丰盈思想。

企业的发展，特别是制造业的发展都是有科学规律的。美国管理大师，斯坦福大学著名教授柯林斯在其著作《从优秀到卓越》中总结的"飞轮效应"曾引发我的强烈共鸣，因为他的科学总结，竟然跟我创业的几个重大突破完全吻合。

每一项事业的成长起初都会像一只艰难起步的飞轮，在经过一轮又一轮坚持不懈地转动后，受力达到临界点时，由引力和惯性牵引向前，即使所受外力消失，飞轮依然能够飞速向前。

创业特别是制造行业的创业，不能急于求成，而是要经过至少 10~12 年的沉淀及能量的积累才能飞腾起来，这 12 年简直是一个神奇的周期。

选择了创业就是选择了终身为社会进步长期奋斗的道路。第一个阶段就是10到12年，出现了飞轮效应，再到第二个12年、第三个12年……甚至到第五个12年，奋斗者身怀梦想才会永远年轻。

这本书真可谓企业经营的圣典，书里介绍了通过研究超过100家上市公司总结出的规律。除了"飞轮效应"，还有"第5级经理人""三环理论"等，这些规律揭示了企业持续经营到底是技术重要，还是精神重要，还归纳了长期成功的企业，如何从优秀到卓越。

优秀指的是某一天、某一年干得好，抓住了收成期，以后可能就不行了，这样的企业只能称为优秀。卓越是持续的，累积很多年，一直在努力迈向更高峰。

我曾给集团内部员工推荐过一本美国人大卫·布鲁克斯写的书——《第二座山》。一个人离开父母"闯江湖"后，开始登的第一座山即"面包山"，即要先解决个人的生存问题。

而"第二座山"是什么呢？我的个人经历深深认同书里揭示的规律。我1982年大学毕业后，被分配到电子工业部华南进出口公司工作，从此结束了一贫如洗的生活，有了收入及社会地位。功成名就之后，开始思考人生的"第二座山"，通过创业来攀登心中的喜马拉雅山。1988—1993年，我已经登上了面包山的山顶，通过几年的创业赚了不少钱，分别在深圳与香港买了几十套房子收租，每年的租金收入让我不用再为柴米油盐操心了。

1998年，我送孩子到加拿大读书，在那边买了一套学区房，准备移民加拿大。但是经历了几个月的好山好水好寂寞的生活后，我毅然决定改变这种一眼看到头的人生轨迹，重返深圳，决定把家电制造业做大做强。终于在2000年4月，创维集团在香港上市，并在2015年分拆了创维数字，并在深交所上市。

在过去十几年的时间里，我全身心地扑在新能源汽车赛道上，攀登新时代的"第二座山"，想让创维汽车成为创造人类福祉、改善国家缺乏能源及解决污染环境痛点的先行者。不为金钱迷惑、左右，不急于套现，脚踏实地地关注产品、关注质量、关注用户的需求，坚持长期主义，终于逐步得到社会各层面的认同，建立起我跟新能源团队的使命感、归属感。

人生充满苦难，但是精神的牵引却可以让人活出生命的意义。我同样在美国著名畅销书《活出生命的意义》中找到了心中理想的答案。

图书是作者思想的外化和物化。从某种意义上说，书是人的另一种形式的存在，是精神的存在。作者维克多·弗兰克尔见证了在犹太人集中营中死去数百万人的重大变迁，发现有一类人可在不可避免的苦难和绝望中生存下来，举其中的两个例子，一个是想发表论文的物理学家，另一个是儿子在美国读书的父亲。精神上的寄托或牵挂帮助他们在极端困苦的环境中找到了生活的希望和动力，最终使他们能够活着走出集中营，继续生活和事业。

苦难并不是什么值得炫耀的东西，如果前方的路上真有苦难，可以绕道而行的话，谁又愿意执意与它相遇呢？可是苦难与灾祸一样无法预知，当它真正降临时，"躺平"是没有用的，要么是等死，要么是拥抱它。所以在未知的人生路上，宁肯多一些对苦难的敬畏，也不要忽略它、轻视它的存在。

二次创业的我为什么会选择又苦又累、风险又高的汽车制造业，而没有去投身房地产业或其他来钱快的产业呢？

我跟朋友讨论过，与靠金融投资发家的那些大佬相比，我们这些搞制造业的企业家自身有一个共有的特质：长期搞制造业的人，类似于那些一辈子离不开土地的农民。农民一年到头将所有的心血都倾注到自家的土地上，用以养活一家老小。我们呢，在制造行业精耕细作，带动更多人的就业，养活无数个家庭，即使再苦再累，也会一直做到底，因为这就是我们活着的意义。

对于大多数人来说，在人世间经历的一切灾祸和幸福都是暂时的，包括所经受的苦难，终究会如过眼云烟消散得干干净净，但留下的却是我们对人生的深刻认知和对生命意义的感悟。

人生的突破，有时就是这样在无意间被某个人一语点醒，或从某一本书中找到答疑解惑的理念、观点，在他们的点拨、帮助下获得启发和激励，让人受益良多。

我的创业思考：

创业就是把
不可能变成可能

如果人类要避免犯巨大错误的话,不同的思想自由竞争是唯一的办法。

——张维迎

有一次我从江苏坐飞机回深圳,刚下飞机就被一名年轻人认出来,那个人是一名创业者,事业刚起步。我问他怎么知道我的名字?他说他是我自媒体的粉丝,天天看我的分享。

创业分享能被认可是值得让人高兴的,尤其还能对他人的创业有所启发、帮助,更是让我觉得传播企业家精神这件事情是正确的。

每个创业者都有自己的创业路径和方法,在创业过程中,每个人需要面对的挑战和风险也不尽相同,但应对这些挑战和风险所需具备的信念、思维却是可以借鉴和学习的。

在如今这个信息爆炸的时代,人们获取信息的渠道有很多,包括短视频。我之所以能在短短一年时间收获全网一千多万的粉丝,也与当下创业者对未来前景的担忧和创业方向的判断有关。

现在的人都有自己的思考方式,不会盲目吸收所有信息,能知晓哪些人的话有用,哪些人的话是废话。能被众多创业者认同也是一件令人欣慰的事,如此多的后来者定能出现一大批有建树的创业家。

如果一个普通人在拥有企业家精神后就能够拥有财富,那么企业家精神就是财富增长或积累的一种动力。什么是企业家精神?用一句话回答,就是把不可能变成可能。那怎么才能把不可能变成可能呢?

经济学家张维迎教授说"把不可能变成可能,是非常不容易的,也是企业家应该做的事。"想想过去的40多年,我们从一穷二白的国度,成为世界第二大经济体,我们的企业家不就是凭着"把不可能变成可能"的信心走到今天的吗?

从2011年收购南京金龙踏足新能源汽车行业开始,我就生活在一片争议中,对于一个"家电佬"的意外进入,多数人是抱着走着瞧的态度来看的,看我怎么把不可能变成可能。

这些年来,我们在传统燃油车的各种竞争中生存,诞生之初就在困境之中寻求生存之路,上演了一幕幕不可能变成可能的逆转大戏。有人说何苦呢?创维家电品牌已经是国际知名品牌了,你所做的已经对得起国家了,好好享受生活,给自己的余生画一个圆满的句号,不好吗?对我这个创业老兵来说,当看到自己所从事的事业得以引领产业,对整个国家的战略产生一种正向推动,那份创业的苦就化作了甜,兴奋感贯通全身,那时就感觉吃再多的苦也值得。

现在的创维,涵盖家电、光伏、汽车、储能全系的绿色产品生态圈已经形成。为了这个生态圈,我和众多的创业伙伴足足奋斗了十三年。十三年的发展,不仅仅是一个新能源汽车品牌的崛起和发展之路,更是我们这辈人将不可能变成可能的企业家精神的延续。

现在我将很大一部分重心放在了企业家精神的传播上,在创业间隙做自媒体,创办创维商学,带领学员去国内、国际知名企业游学,学习和传承世界级的企业家精神。比如,我们崇尚"日本经营之神"稻胜和夫,还有美国的乔布斯,以及"管理巨匠"杰克·韦尔奇。这些世界级的经营大师能告诉我们什么呢？人可以做一些看似不可能的事情，这是世界级企业家带来的启蒙。

现在中国出现了很多优秀的企业家，中华民族的伟大复兴离不开中国企业家群体的崛起和奋进。因此把中国企业家精神弘扬出去，赋能千千万万的年轻创业者，让更多的人具有将不可能变成可能的能力，促进他们的成长，对我来说是一种使命，也是一种责任。

我的创业思考：

03

PART THREE

- 你赚不到行动以外的钱
- 错误方向上的正确决定
- 未来，普通人还有机会吗
- 不怕错，怕不试
- 我们为什么摆脱不了贫穷

- 风口上的追随者智慧
- 如何最快改变自己
- 什么是真正的企业家
- 易破外敌，难除心魔

创新篇

跨越边界，创造奇迹

1997年9月在欧洲电子展

2001年在美国电子展

黄宏生早期造车

2024年，黄宏生在北京车展

你赚不到
行动以外的钱

一位朋友问我：当年哥伦布是怎么发现美洲大陆的？

我回答，横渡大西洋。

他说，其实不是。哥伦布当年奉西班牙统治者的旨意要向西航行，探索通往东方印度和中国的海上航路，可是在出发前一天晚上的庆祝活动中，他们把地图搞丢了。硬着头皮出发后走错了方向，几经波折抵达东边的美洲，因祸得福！

人生有时就是这么有趣，当所有前进的路都被堵死让人感觉绝望时，忽然发现还有另外一条通往"罗马"的路。失败的原因很多时候是无知，而无知又来源于不学习、不实践，即便你明白道理，却就是不去做。

当下的中国人大都接受过教育，只是教育程度不同，都有自我认知。假如你是一名刚刚毕业的大学生，我建议你第一件事先做自己熟悉的事情，马上开始做，失败了可以再来。

我们从小到大所接受的教育，理论知识已经不少了，毕业后首要的任务是将理论知识付诸实践，这个时候"做"比"知"更重要。可以先打一份工，积累经验后再去创业，或者干脆摆个地摊，卖雪糕也行，如果你卖得不错，或许会有贵人找你做加盟店，每年代销几百万元、上千万元人民币也说不定。只有去做，才会遇到贵人，你不做没有人会注意到你。要想结交贵人，自己要先做出一点儿东西来。

当下很多人之所以不愿创业，不愿去做的原因有很多，一方面是认为创业本身是一种风险较高的行为，不同于打工的稳定性，创业有着无法预知的风险，所以许多年轻人更愿意选择稳定的工作。另一方面是因为当下人民生活水平提高了，人有了一定物质基础后就会产生惰性，不愿再去受苦，没有了奋斗、追求的动力，父母会帮忙买房子，父母百岁走后，还会留下一些钱，所以没有创业的动力。

我身边就有一个家住深圳福田的小伙伴，因为获得政府土地置换，一下子有了很多钱。他现在每天除了打麻将，就是喝酒，不到三十岁就"三高"，经常需要住院治疗。一个人没有明确的前进方向，很容易迷失自己，没有了奋斗的目标，找不到生命的意义，反而不是什么好事。

我 1982 年大学毕业，被分配到中国电子进出口公司华南分公司，依靠央企资质，做进出口贸易，发展平平。但是凭借对专业领域的了解和市场趋势的嗅觉，我向分公司领导提出了组建电脑事业部的申请，创造性地参与了电脑的产品设计、组装、销售、售后服务等环节，一年下来，为华南分公司净赚了 2000 万元人民币，是华南分公司成立以来最大的一笔盈利。在接下来的几年里，电脑事业部的经济效益在整个华南分公司首屈一指，最高时占到公司产值的 80%。我也因此晋升为中电华南分公司最年轻的副总经理，这是我步入社会将"知"和"做"做到合一的一个成功案例。

1988 年我赶着"下海"大潮，辞掉了"铁饭碗"的工作，成立创维公司。从做遥控器起家，到现在全集团全年营收近 700 亿元人民币，智能彩电业务做到全球前五，机顶盒业务做到全球第一。

大家应该知道，做制造业是很累的，我这一做就是三十多年。在创业的过程中，我也萌生过提前退休的想法，想好好享受生活，每天睡到自然醒，没有那么多的烦心事打扰。于是我去国外生活了一段时间,但发现那种好山好水好寂寞的生活并不适合我。人太闲了,且不能创造新的价值,成了一个纯粹的物质消耗者,让人很不快乐。于是我又返回国内,恢复到原来忙碌的工作中,反而身心感到十分快乐,挑战让人的心灵更年轻、更敏捷,知行合一让人的心灵变得更充盈。

阳明心学说,心是一切的主宰,开发内心的潜力,就会拥有无限的宝藏。全心全意去做事,做到知行合一,一定会感动上帝。成功不是靠聪明而是要用"心",你在心中描绘什么,就决定了将会拥有怎样的人生。从一无所有到成为创办企业融入世界的人,我的一生与时代变迁有很大关联,也与我那颗不甘于平庸,立志要为国家做点事的赤诚之心有关。

年迈之年,我更希望我的创业经历能够给年轻一代的创业者以启示,在风口浪尖上不断尝试,做好知行合一,在新的秩序和财富分配规则下抓住机遇,改变自己的命运。

错误方向上的
正确决定

时间长了，我常反思自己是不是一个比较笨的庸人，守在这么苦的制造行业中。在周围朋友美酒加咖啡去环游世界的时候，我依然为企业的生存和发展而焦虑、挣扎。

好在我心里早有面对苦难的准备，没有被痛苦和困难压倒。之所以能有今天的成就，也与自身近乎偏执的坚持和不断挖掘内心的潜力有关。

在困难面前，找到正确的解决方法很重要，在心上的功夫下足了，对于眼前和未来可能出现的困难就会了然于胸，世上没有那么多解决不了的难题，关键还在于有没有用心去想、去做。

有人问我，你这辈子有没有重大的失误？

当然有，世上没有后悔药，失误了再后悔也没用，只有用平常心去对待。创业 30 多年，我也曾为没有抓住几次可能暴富的机会而懊恼过：假如 20 世纪 90 年代中后期，我下定决心筹措资金在深圳宝安区购置几百亩土地，现在也能值几百亿元人民币或上千亿元人民币了；假如没有种种顾虑，我可能投资进入堪称具有超级回报率的金融业，假如……我就不会错失了数次发大财的良机。

说实话，与财富擦肩而过内心不纠结是假的，谁不想闭着眼睛轻松挣大钱呢？但经过一番激烈的思想斗争后，我还是找到了心理安慰。

长期投身实业，累和苦是避免不了的，越是这种踏踏实实产业报国的方式，越能造福员工、社会和国家。这种利他，是不能用金钱来评估的。一方面是创业 30 多年，创维累计为国家贡献利税 510 亿元人民币，创造了 4 万多个家庭的就业机会；另一方面，作为制造业的一名老兵，让中国从出口原材料、低端电子产品，到现在出口高科技消费类电子产品、新能源汽车，帮助国家完成了部分产业升级。

对于人生中的重大失误，很多时候，人们往往会囿于心、困于行。陷入对自己失误的自责、迷茫中，对失去发财、升迁的际遇耿耿于怀，哪还有心思去追求新的成功呢？

内心最痛苦的时候，我开始学习阳明心学，从圣贤王阳明身上获得了很多启发。王阳明作为官员坐过牢，被流放到渺无人烟的贵州龙场，饥寒交迫好几年。他复出后又面临赣南几十万大军叛乱的平息，遭受极大的威胁，但是王阳明战胜了一个又一个生命的挑战，所以心是一切的主导，办法总比困难多。人，不能用对失误的懊悔来惩罚自己。

做自媒体后，我常收到一些网友的留言。有一位网友问我：阳明心学距今已经 500 多年了，对于我们的生活还有意义吗？我想说意义巨大，虽相隔数百年之遥，但阳明心学依然可如灯塔般照亮我们的内心，教导我们看透和超越外在环境，从内心寻求强大的力量之源，这正是其对于今天的最大价值。

阳明先生曰：圣人之道，吾性自足。学习圣贤的思想，未必是要成为众人的圣人，而是成为自己的圣人，主宰和净化自己的心灵。

如今的社会，快节奏的生活容易让人浮躁，再遇上各种挑战，人们普遍要忍受孤独、焦虑、暴躁、失落、恐惧、患得患失和诚惶诚恐等情绪，而创业者面对的挑战较之常人会更多一些。

金无足赤，人无完人。我们没有必要苛求自己过于完美。

有些人外表看着很坚强，其实内心很脆弱，一旦碰到风吹草动就怨天尤人，感觉整个世界都欠他的，很没必要。说到底，还是自身不够强大。一个真正强大的人，对于生活中遇到的种种挫折、挑战总能冷静应对，即便遭受人生的重大失误，仍能做到气定神闲，这种人取得成功是迟早的事。

回顾30多年的创业打拼，我时常梳理自己的创业过程，不断复盘自己的决策和失误，但不会耽于一城一地的得失，而是不断向前。作为一家没有任何国有背景的民营企业，创维从无到有，经历过无数场残酷的淘汰赛，也经历过几次关乎生死的重大失误，但仍旧存活了下来。

"困难像弹簧，你强它就弱，你弱它就强"，当你的内心变得强大时，那些所谓的重大失误，以及横亘在我们面前的困局自然而然也就被破除了。

未来，
普通人还有机会吗

20世纪90年代我去欧洲的时候，看到很多中国面孔，一问，都是浙江温州来的。在改革开放初期，国家还没有完全放开出国限制时，温州人就已经乘坐火车到莫斯科，再由莫斯科中转到波兰，从波兰进入西欧，有几十万温州人扎根在欧洲富有的土地上。

2023年6月，我去温州参加了一场企业家学习会。温州是中国民营经济发展的先发地与改革开放的前沿阵地，向温州企业家学习企业经营的成功之道，一定会不枉此行，果然这一趟旅程收获满满，也让我对成功的含义有了更深层次的认识。

温州山地多，耕地少，沿海岸线散布着很多小岛屿。我们学习的地方位于离陆地不远的一个海岛上，一条长长的海堤将它与陆地连接在一起。由于靠海，每年夏秋季台风来袭时，渔民必须赶紧回港避风，躲避不及就可能会葬身茫茫大海。那边的房顶瓦片上会压一些小石头，以防止台风把屋顶掀掉。正是这样的地理环境造就了温州人不畏艰难、不断开拓创新、勇于进取的精神。

温州人被誉为"东方的犹太人"，不仅因为他们把"赚钱"当作一门学问来研究，还因为他们敢于破局，不囿于现状去开拓创新。和真正的犹太人相比，他们在苦难中磨砺成长，在恶劣的生存环境中求得生存和发展。

在艰难困苦的境遇中，人的心态有多种表现：一种是充满危机意识，没有退路，唯有向前冲锋，哪怕倒在冲锋的路上也在所不惜；另一种则是将艰难困苦视若洪水猛兽和翻不过的大山，只能去摆烂，失去前行的斗志。

世间的事情不一定要经历煎熬和苦难才能成功，但是经过磨砺获得的成功会格外珍贵。在中国，地理环境比温州恶劣的地方有很多，可为什么独有温州人被称为"东方的犹太人"呢？我想这应该是温州这方特殊的水土滋养和温州人祖辈遗传的基因，让他们自出生起就拥有做生意的天赋。世间有天赋的人毕竟是少数，大多数还是普通人，没有水土的滋养和基因的遗传，普通人就不能成功吗？我想这取决于怎么看待创业成功的标准。

真正的成功，我认为第一个标准是持续的进步。这种持续的进步包括：无论你从事的是什么行业，比如写作，你能写出一部又一部的著作；又比如搞医疗创业，你建立了一个又一个医疗服务站；再比如投身制造业，产品不仅热销海内外，而且产品阵容足够强大，这些都是事业上的持续进步。我认识的一位温州企业家从做纽扣起家，20世纪80年代初一个人扛着一麻袋纽扣跑遍山东、河北，"白天当老板，晚上睡地板"，辛苦赚得了第一桶金。之后他投资二三产业，涉足过房地产、干过制造业，持续进步，最终成为人生赢家。

第二个标准是要有一颗大爱之心。创业者能持续地传播自己的爱心，这颗爱心不能局限于个人情感和利益，而是应具有更高的境界和深度——他爱钱，但更爱家庭、爱朋友、爱团队、爱客户，以及爱社会，就像古人所说"达则兼治天下"。娃哈哈创始人宗庆后也是浙江人，他去世后为什么会引发中国商民轰动呢？就是因为他的心里装有国家、企业和员工，从而引发了巨大的情感共鸣。

第三个标准是改变世界，并享受那种改变带来的快乐。苹果创始人乔布斯将手机键盘由实体变为虚拟，这就是改变世界的行为。我们实地参观了温州一家民营不锈钢企业，老板把生意做到了全世界，年营收超过3000亿元人民币，员工超过14

万人。2022 年，该企业在一次国际期货交易中战胜了国际资本"大鳄"的猎杀。此外，他们还把印度尼西亚的一个贫穷岛屿开发成风景旅游胜地，解决了当地数万人的就业问题，这也是对世界的改变。

第四个标准是勇于面对困难。每个人在成功的道路上都会遇到很多困难，在困难和危险面前人们的反应各不相同。只有沉着应对，不断克服困难走出绝境，才能展现个人的力量，证明我们有能力战胜困难，这才是成功的标志。王阳明先生也是浙江人，明朝中期考中进士，历任刑部主事、兵部武选司主事等职，因上书营救他人而得罪宦官刘瑾，被贬至贵州龙场。在他人生最为困顿和痛苦的时候，他泰然面对一切艰难困苦，升华自己的思想，写下了流传后世的《教条示龙场诸生》，创立了阳明心学，成为一代圣人。

"圣人之道，吾性自足"，阳明心学的要义启示我，创业并非要吃尽苦头或不自在后才会成功，关键在于明确创业的最终目标是为了利他和造福社会。这样，在面对创业过程中的失败、不公或困苦时，才会释然，因为这些磨砺都是我们内心修炼的必要过程。

在以成败论英雄，鲜花与棍棒齐下的时代，创业者的内心修炼在短时间内可能并不会获得理解和认可,在创业的长期过程中,它如同孤独和无助一样常伴我们左右,帮助我们在困苦中学会忍耐和沉默,在积蓄爆发的力量中逐渐成长。

可能我们没有温州人基因里的商业头脑和寻找商机的天赋,但是我们拥有一颗想改变世界、创造伟大的心,这就能够让我们像众多温州企业家那样将企业由小做大,由大变强,在成功之路上越走越远!

我的创业思考:

不怕错，怕不试

三十几年的创业长征，我有一些感悟：如果不努力去试错，就不会有百里挑一去选择正确道路的机会，或在创业的江湖中找到合适的合伙人或者并肩战斗的战友。任何人的成功一定是在选择和试错的过程中得来的。

这么多年，这些判断和感悟一直支撑着我在创业之路上坚定地走下去，历经了"九九八十一难"，先后实现了在家电行业和新能源汽车行业的两次创业。

2010年，家电行业在全球市场出现饱和，创维集团增长乏力，在茫茫迷雾中，看不清未来，企业何去何从。经过前后两三年的研究和思考，我决定大举进军新能源汽车产业。

作为一名"家电佬"，汽车行业的"门外汉"，在刚进入一个新的工业领域时，我付出了巨额的学费，而且当时困难重重、危机四伏，特别是进入乘用车领域，我们屡战屡败。

第一败是，引进二线车企出来的团队，他们有过与外资公司合作造车的经验。引入之后，我们花了一亿多元人民币进行产品设计和产业布局，结果选择的车型对标新能源车的竞品没有优势。中国汽车工业发展这么多年，用"市场换技术"并不成功，中国车企跟外资品牌合资后，一直没掌握整车的核心技术，连一把车用智能钥匙丢了都补不了，必须要到海外报备，注册一个新的才给补。可想而知，没能成功造车，引进的这个团队就解散了。

第二败是，眼睛朝外，到美国的"汽车之城"底特律高薪聘请了一些华裔高管，想全盘引进西方技术，利用世界一线品牌的人才和技术力量重启乘用车项目。结果没选对地方，错过选择硅谷人才的机会，底特律本身的转型没有硅谷快，还停留在燃油车的思维，在面临电动化、新能源化、智能化方面明显慢一拍，产品力不行，一切都是零。

创业难，跨界创业更难。虽然我选择的新能源汽车是一个风口产业，但是新能源汽车取代燃油车也是一个长期、艰难的过程，加之燃油车经过100年的发展，价格低廉，产品稳定。搞新能源汽车需要持续不断地投资，说它是"烧钱的祖宗"一点儿不为过，它的投资总量是家电的100倍，100亿元、200亿元……甚至上千亿元，烧光了全部家当都未必能取得成功。

我每次参加新能源汽车行业的大会，总会有那么一两家同行或认识的朋友淡出这个圈子，这也让我这个创业老兵至今都如履薄冰，不敢有丝毫大意，虽然步伐沉重，但好在我们生存至今，每年都有进步。

有时我庆幸自己所选择的新能源汽车的创业路径，没有一开始就大干快上搞新能源乘用车，而是蛰伏新能源汽车十多年，从新能源商用车入手，总结创业经验和技术积累，不断试错，小步勤挪，有了这些积累后才进军新能源乘用车。虽然我们现在与头部企业还有很大差距，但这并不可怕，只要能生存下去，就有逆风翻盘的机会。

创业不易，做企业家也不容易，因为你犯的错可能不被他人理解，你注定是孤独的，所以怕孤独，怕犯错，千万别做老大。除了要背负常人所不能承受的竞争压力，还要面对团队在某些问题上的分歧。在对未来发展观点不一致的时候，也不妨民主一下，多听听不同意见，对于避免犯错还是有一定好处的。

对于创业者来说，没有试错，怎么知道你的想法可以变成受欢迎的产品和服务呢？尤其是一些读书人，几乎从没有做过生意，就进入了创业的江湖，结果搞得头破血流，在迷茫、绝望中总结无数的错误之后，才明白什么样的选择更务实，更符合消费者市场的需求。

很多985、211大学毕业的创业者，想把创业需要具备的条件都精准计算出来，确保万无一失，但这是不可能的事情。真正的创业者或者企业家就像老到的渔民，对捕鱼并非依赖雷达、统计方法或历史数据，而是依靠自己的直觉和对海洋环境的深入理解，这是一个需要实践、感知和试错的过程。先试错、再出发，能够提升你的实战智慧，同时在创业过程中进行总结，累积到一定程度后，成功自然水到渠成。

当然，试错会增加冒险的概率。作为创业者，如果不冒险将不会有大作为。不断试错，敢于冒险，才会增加成功的机会。人类的发展史，以及科技的发展史，都是在不断地试错、探索中前进的。创业者也需要在实践中提升自我认知，努力做好每一次选择，特别要在试错中觉醒，放眼世界，放眼未来，成为人生赢家。

我们为什么
摆脱不了贫穷

我在幼年时常因吃不饱饭而流泪,外婆就教育我,"长大要成为一个有本事的人,有了本事就不会饿肚子了"。所谓的"人穷志短",那时的愿望是能填饱肚子。

即便到1978年2月我从海南来到广州上大学,脚上穿的也还是一双破旧的解放鞋,那个年代的人都穷啊,别看现在广州、深圳那些衣着光鲜的大老板、富豪,不都从一无所有过来的吗?应该说,改革开放造福了亿万中国老百姓,让数亿普通人脱离贫困成为中产阶级和社会精英。

当然,我们还要看到,即便有了这么多的中产阶级和社会精英,我们身边的低收入群体依然庞大。我也是从社会底层走上来的,数十年过去了,周围有些人并未受惠于时代发展红利,依然过得清苦,为什么他们没有借助时代的发展改变自己的命运呢?

贫穷是一个复杂的社会经济现象，有很多因素导致个人、家庭、事业衰败。例如因病返贫、投资失败等，有时也不仅是由于资源匮乏或个人能力不足所导致的。我的判断是，一部分人是不读书，没有认知提升，一辈子认命。另有一部分人是好吃懒做，不愿意付出，世代陷入这种穷苦的循环。

人的思维随着人的成长与环境的变化在不断调整。如果我们一直处于改革开放前的计划经济时代，被各种条条框框束缚着，可能大部分人是没什么心思想去创业的。但在时下开放竞争的环境中，如果还固守在"谁穷谁有理"的思维当中，那天上是不可能掉下馅饼的。

在诺贝尔经济学奖获得者班纳吉夫妇的著作《贫穷的本质：我们为什么摆脱不了贫穷》中写到，穷人只关注当前，尽可能地把日子过得愉快，在必要的场合庆祝。因为他们怀疑那些想象中的机遇，怀疑其生活产生任何根本改变的可能性。他们的行为常常反映出一种想法，即任何值得做出的改变都要花很长时间。

通俗一些讲，不少人只做短期规划而不是长期规划，因为他们对于未来的预期较悲观，所以他们的注意力都在当下。这种即时性的短期满足感，远甚于看书或学习新技能这些需要长期投入精力和金钱才能产出效益的行为。

很多人的失败归根结底为无知，而无知又来源于不学习、不实践，知识不一定能改变一个人的命运，但是没有知识却能让贫穷代代相传，也可以让一个人自信满满地走向失败。

千万人之中的我们如何从贫穷变得富有，通过创业改变人生呢？陷入穷人思维的人创业，其思维格局注定其不能把生意做大，他们所做的很多生意基本是某些失败的经济模式的演绎。他们周旋于这些经济模式之间，努力地付出着，却收获甚少。所以不管日常，还是创业，我们都需要经常反思我们的思维。

"穷人思维"是一个较为宽泛的概念，我的理解包括以下几个方面。

第一，想不劳而获。总是抱怨老天爷对你的不公平，什么都不想做，还指望天上掉馅饼。你来到这个世界，如果不奋斗、不劳动，不去创造价值，怎么能够改变你贫穷的命运呢？

第二，没有人生追求，随遇而安。可能在上学的时候，你就不求上进，考试常常落后，长大后也没有人生追求，更没有树立远大志向。一生没有追求，所有的好运都会远离你，好的运气是有追求的人才会得到的，自身有光的散发，才能吸引到各种好运和能量。

第三，认为读书无用。很多人觉得李嘉诚读书不多，照样能成首富。你们不知道李嘉诚每天读书一个小时，不光读中文书，还读英文书，他的英文水平很不错，平时讲得不多，但跟外国人交流是没问题的，因为他全球投资，要与众多全球顶尖商界、政界大佬交流，通过翻译理解会有差距。只能说他出生在战争年代，没有读书的机会，后来有机会了就奋发读书，天天读书，这是很多人不知道的。所以不学习、不读书，是穷人的一个致命的行为。

第四，自私自利。周围的邻居、同学想请他帮个忙，做点儿事，他会躲得远远的。你不帮人，人家也不帮你，人与人的相处很简单，就是将心比心，你无心帮助别人，只会让你也落个孤家寡人的结局。

有些人说，我离成功只差一个机会，可他不知道机会是在努力奋斗和试错中得来的，表面上看似没有什么希望的事情，如果能透过表象看到本质，就能通过解决问题抓住那些稍纵即逝的机会。

是什么阻止普通人变富的呢？一定是陷入懒惰、贪图享乐和不思进取的思维中，碰到困难只会等待，唉声叹气。而成功的人则是在不断地学习与探索，在反思与自我提升等方面努力，从而去实现人生价值。

风口上的追随者智慧

创业者如何能够赶上时代的步伐，或者通俗来讲，怎么能抓住风口呢？

参加感兴趣的展览会是一个最直接的办法。在展览会上可以看到很多新奇的东西，有些是我们平时接触不到的，你可以现场询问讲解员，也可以找现场的工程师了解。你会惊讶于世界的快速变化，那么多层出不穷的新品令人震撼。当然，展会不仅限于国内，国际上一些有影响力的展会也值得去转一转。

从创业开始，创维每年都会参加各种世界级的大展会，平均每年一到两次，例如，美国拉斯维加斯消费电子展和德国柏林国际消费电子品展。除了展示自己的产品，我们还可以通过学习行业标杆，在专业领域内获得启发，扩大视野，了解行业趋势，提升自信心和沟通能力，同时还能促进自我反思和成长，督促自我升级。

通过参加国内外的展会，还可以验证你对风口的判断，比如一项新技术或一个新产品的市场成熟度发展到了哪个阶段。此外,想要参与到风口中还需要提前准备,了解市场规模有多大。例如,前几年大热的元宇宙、虚拟现实技术(VR)和增强现实技术(AR),今天这些相关产品的销量都不如预期。如果在这些风口上投资十年,注定会血本无归,弹尽粮绝。因此,通过展会以及对市场端的调研和学习,能帮助我们做出正确的判断,切不可跟风行事。

抓住风口要瞄准标杆,实施跟随战略。 通过跟随标杆企业的步伐,我们可以更快地掌握行业规律,降低试错成本,并在此基础上逐步形成自己的竞争优势。

以互联网电视为例,早在2000年,我就想借鉴微软比尔·盖茨发起的"维纳斯计划",尝试通过嵌入盒子将电视机变成电脑,可惜当时的软硬件技术不成熟,导致巨额亏损。10年后,创维软件研究院开发了视频聊天软件,但由于芯片成本和内部体制的问题,未能得到很好的推广,最终只卖出两三千台后便夭折了。

这两次互联网电视的失败尝试,让我对互联网电视的发展持悲观态度,认为这个风口的到来起码还要再等十年左右的时间。因此,我们专心做制造业,注重电视硬件功能的提升和技术升级。直到2015年,互联网电视转型,以乐视为代表的新兴互联网电视开始用技术取代营销,不断推进和主导电视产业的发展。

互联网经济的发展对传统制造业而言,无疑是一场深刻的变革。随着人工智能与互联网信息技术的深度融合,"互联网+"新业态促使行业界限日益模糊,众多非传统领域的玩家凭借互联网技术与资金优势强势进入市场,迫使传统制造企业必须加速转型与升级。在未来的市场竞争中,硬件产品趋向同质化,而软件则逐渐成为企业竞争的关键。若不能及时调整策略,强化软件开发能力,传统制造企业在激烈的竞争中可能会被淘汰。

创维拥有近 30 年的电视机行业积累,具备强大的硬件、软件及核心零部件协同设计能力。面对挑战,创维迅速行动,依托深厚的制造基础,组建了专业的软件开发团队。通过不懈努力,成功研发出既兼容多种芯片又支持独立升级的"酷开生态系统"。这一软件赋能的自控生态平台,不仅巩固了创维的技术领先地位,也使其在互联网电视领域占据了有利位置,从而在市场变革中站稳了脚跟。

抓住创业风口,组建专业团队至关重要。说句老实话,刚开始我也不是很懂汽车方面的专业知识,可是我为什么敢跨界进入新能源汽车行业呢?因为我是边学习边创业的,通过收购一家国有车企，我能有机会与众多行业专家深入交流，同时也结识了行业内一批优秀的人才，并吸引他们加入我的团队。这个过程让我迅速成长，依靠优秀的团队搭建起一个有竞争力的新业务体系。

还有创维的白色家电产业，家电是与人们家庭生活密切相关的产业，蕴藏着巨大商机。创维在电视机产业达到一定规模后，为了实现黑色家电的智能化，需要与白色家电共同构建一个家庭生态。然而，冰箱、洗衣机等白色家电产品并不是创维的强项，单一的黑色家电优势，无法构建出完整的智慧家庭生态。因此，我们首先尝试与国内厂家合作贴牌，类似欧美企业的生产外包模式，但结果是亏了很多钱。因为中国的白色家电市场已经是一片高度竞争的"红海"，贴牌生产几乎没有利润，所以我们决心攻克这一难关，在产品开发、规模制造和渠道运营三个方面进行能力匹配。

我对市场是有一定认知的，只要认为大方向可行，就敢投入巨资进行产品研发。这种做法虽然前期可能会有一些亏损，但能吸引到行业的精英加盟，因为他们认同我们的理念，并对未来的产业发展有着相似的判断，这使我们在白色家电产业上组件了一支优秀的团队。经过十年的努力，创维白色家电在产品力和成本控制方面均取得了竞争优势，实现扭亏为盈，占据了一定的市场份额，不仅弥补了初期的亏损，还实现了业务的持续增长。

关于追赶风口，我认为有一个原则非常重要：无论遇到什么样的风口，都不能脱离自己的能力和兴趣所在，应该做自己擅长且感兴趣的事情。现实中风口太多，似乎到处都有机会，出门就能看到新的事物，社会变化速度之快令人难以置信。特别是随着现代科技文明和商业文明的迅速发展，技术迭代速度超出了人们的预期，比如人工智能、大数据、云计算等领域。面对新兴领域，要不要都去跟风"搞"一下？我认为还是要做自己有能力把握、能够打胜仗且擅长的领域。创业就相当于参加奥运会比赛，如果选择自己不擅长的项目，很可能在第一轮就被淘汰出局。

我的创业思考：

如何最快改变自己

在企业家群体里有这样一个共识,"看到别人看不到的,才能领先于他人。"

对商机的捕捉,企业家有时就像饥饿的狼群,哪怕一丁点儿荤腥都能让他们兴奋不已,这也是他们对外界事物的感知优于他人的地方,也就是他们的认知边界相对其他人更宽广。

认知边界的大小影响着一个人的思维格局,决定着一个人的命运、财运的走势。因此拓展认知边界有助于个人命运的转折和财富的积累,应保持好奇心、广泛学习、挑战自我并勇于实践。通过不断努力,可以逐渐拓宽自己的视野,提升自己的认知能力。

拓展认知边界是一个持续的过程,可能有人喜欢在与别人讨论问题中得到启发;有人则喜欢自己独立思考,通过不断学习、思考和探索新的领域。我是如何拓展自己原有认知的呢?

第一，参加工商界、企业界的论坛。不要小瞧这些论坛，在每一个论坛上都是创业者云集，还会有一些商界、政界大佬发言，他们的发言都非常精彩，是他们经验、挫折的一种汇集和提升，可谓"听君一席话，胜读十年书"。

有一次，我参加了深圳消费电子展的主题论坛，听了一位大佬的发言很受启发，是什么呢？在深圳曾经有几家做手机屏幕手写笔的企业，每家都能做到销售收入3亿元人民币以上，曾经控制了全球手写笔行业90%的市场份额。突然有一天乔布斯说苹果手机不再用手写笔，而是用手指直接操作，轰然一声这几家企业就没了。

这告诉我们，在科技进步面前，极致的产品不堪一击。只有不断地进行科技创新，才能让一个产业、一个城市，甚至一个国家更好地拥抱未来，这对制造业转型升级很有启示。

第二，多看管理方面的书籍、专刊，借鉴行业内的一些成熟做法，特别是参考他人是怎么破茧成蝶的，怎么在瓶颈中突围的。用心学习后，再结合自己的一些感悟，才能提升自己学习的能力。

举个例子，创维无论是在家电板块还是在汽车板块，这两年都在给员工送股票,不是花钱配股,这个是不要钱的。员工只要表现优秀,创维就送股票,放在手里不要急着抛售,哪一年如果股价突然暴涨,意外的财富会让员工一下实现财富自由,从而激发员工与企业一起奋斗的积极性。汽车板块最早的原始股是1元/股,3年前是2.2元/股,2023年上升到13.5元/股,估值由10亿元人民币涨到了209亿元人民币,如果成功上市,公司的股票每股会有少则2倍、多则5倍的增长,这可以让多少优秀的骨干员工通过资本市场得到惊喜的回报啊!

通过每年为优秀打工者赠送股票,可让打工者和职业经理人转化成同甘共苦的合伙人。这种认知我是从哪儿学来的呢?一些互联网大厂和"美的"等头部企业,定期回购股票,每年业绩一公布,就给优秀员工送出大量公司股票。

你自己凭空想象不到的,就要不断去学习,保持一种好奇心和探索精神,这也是对人才的一种投资。让员工认购原始股的价格会比市场价便宜很多,但这还不够,我们决定直接用送原始股的方式激励员工。送,就是一种无穷的力量。可能每个人分的股票不太多——100股,但是送的数量多,10000多人的企业,总数也不少,这可让员工的奋斗激情得到燃烧。

在拓展认知边界的过程中,我们还要吸纳各种智慧的观点,有些观点可能是相互矛盾的。比如，我们做企业，到底是经营重要还是管理重要？这就是学习的奥妙，当你听过各种的辩论和观点之后，根据实际来进行消化和沉淀，就能悟出其中的道理。

任何一个专家、讲师，讲授和分享的内容都不会包罗万象，只要能吸纳到他们最精华的部分，就可以起到一定作用，从而不断成长。当你的认知不断丰富，你的财富就会跟随认知聚拢而来。让自己的认知体系处于持续升级状态，让认知的边界无限拓展、扩张。

这么多年，我也在努力尝试从一个强势领导者转变为助人为乐的幕后英雄，通过创办创维商学等方式分享自己的创业得失和经验；由原来自己带头冲上山顶，变成帮助创业者拓展认知边界，让更多的人冲上山顶，而自己则可以在山脚下为战友们的胜利欢呼喝彩。

让大家通过提升认知达成自我价值的实现，是一种无比的快乐，也是我内心认为最有意义的事情！

什么是真正的企业家

我敬佩的企业家有很多,他们的共同点是有使命感和爱国情怀。

曾跟一位企业家朋友交流,他向我提及多年前一名外国朋友向他提出的两个不理解。

第一个不理解是,他在外资企业当高管年薪已高达几百万元人民币,为什么还要创业?在欧洲,像他这样的人还要创业真是不可思议。

第二个不理解是,中国企业为什么会有那么强的成长欲望?每年要求百分之几十的增长,成长的动力几乎在全世界是独一无二的。

我的这位朋友是怎么回答的呢?

对于第一个不理解,他说,因为祖国发展的召唤,这里有创业的土壤和需要，中国制造业的大发展能够为创业者提供广阔的空间，所以他选择在 36 岁辞掉百万年薪的工作，开始创业。

对于第二个不理解，他反问对方，中国企业如果不能快速地成长，那和你们的差距只会越来越大，如果哪一天你们不痛快了，一脚把我们踩死了怎么办？所以中国企业必须成长，那样就不怕你们一脚踩死我们了。

这是一种多么深沉的忧患意识和爱国情怀，这种情怀和意识是我在与众多企业家交流时，能够快速打通彼此链接，寻找共同话题的一把钥匙。当然，我不是非要标新立异地突出自己有多么爱国，只是将心中所想所念转化成自己的行动，真正地为国家建设做出贡献。

有时我也在想，是不是因为年龄的原因，或者是经过那个充满个人崇拜和信仰的年代，形成了我们这一代人的使命担当，才会在我们的骨子里烙上这种爱国主义情怀的印记。想想有些道理，可又不全然是这样。我们这代企业家未必都有这种情结，只能说这种情怀还是因人而异的，可能在我们这代人当中比较突出罢了。以深圳为例，有华为的任正非、万科的王石、汇川科技的朱兴明等，他们都是我比较敬佩的有情怀的企业家。

还有一个是京东方的创始人王东升，现在退休后二次创业，牵头创立了奕斯伟科技集团。我为什么敬佩他呢？中国曾经缺"屏"少"芯"，显示屏幕完全靠从日本、韩国进口。中国没有这方面的技术，也没有能力，他当时所在的国有企业改制，尽管企业不是他个人的，但他有高度的使命感，通过早期收购一条韩国淘汰的生产线——3.5代TFT-LCD生产线，现在已经升级到8.5代、10.5代TFT-LCD生产线了，使京东方成为中国第一家实现国产化液晶显示面板的国有企业，也是大型上市公司。

几十年过去了，京东方不但成为中国的，也成为全世界最大的生产液晶面板的公司，创维彩电用的都是它的屏幕，切身感受到国产化后不再受制于进口的限制的优势。以前听到这样一个笑话：每当中国企业需求暴增的时候，外国供应商不是着火就是检修设备。自从京东方发展起来后，再没听说过外国企业出现过类似问题。液晶面板投资巨大，在技术研发和生产线上投入的钱超过2000亿元人民币，从小到大，从弱到强，做到全球第一。

王东升最让我敬佩的地方还不止于此，他63岁退休后竟然二次创业。二次创业做点儿简单的事不行吗？不，他要做最难的。美国人用芯片卡中国人的脖子，还找日本、荷兰一起组团限制光刻机、半导体材料的出口，打压中国半导体产业的发展。王东升利用自己在西安的社会影响力私募基金投了一个12英寸的晶圆厂，研发制造集成电路，用的是12英寸硅单晶抛光片和外延片，填补了我国相关领域的空白，产品供给国内的半导体厂家，不再受制于人。同时，他还有一个几千人的芯片结构设计公司，做最难的事情，破解国家最需要的"卡脖子"解决方案。

他真的是既具有家国情怀，又有创业的智慧。没有情怀是不会走到现在的，他已经功成名就了，又在二次创业中培育出两个独角兽企业——奕斯伟计算、奕斯伟材料。我把王东升先生称为"中国版的稻盛和夫"，类似美国通用电气的伟大CEO杰克·韦尔奇，一点儿都不为过。

什么是真正的企业家？我觉得他一定是有使命感的，能够造福社会，造福消费者，引领整个时代的生活持续进步。他们具有企业家的精神，那是一种利他主义，他们时时刻刻在奉献他们的爱，为人类文明的进步持续不断地做出贡献，直至生命的最后阶段。

我们这个社会需要这样的企业家，在科技创新与制造业转型的大潮中，他们能够通过创新活动让中国的经济发展和科技进步不再遭受外部"卡脖子"和制裁的威胁。能为国家和人民做出贡献的人，都是值得我们敬佩的。

易破外敌，难除心魔

圣人王阳明先生有一句名言"破山中贼易，破心中贼难"。这句话的意思是，打败山中的贼寇比较容易，但是要打败心中的贼寇却很难。我们心中有哪些"贼寇"呢？我想有逆境时的不自信，还有顺境时的自负和傲慢。

2000年，创维在香港上市，这成为我人生的一个高光时刻。谁会想到曾经的一个一无所有、乡下的穷小子能一跃成为亿万富翁呢？结果高兴没几天，就陷入"塞翁失马，焉知非福"的轮回中。公司内部暴了一个大雷，因为没有相应的监督和约束机制，导致一名企业高管带领100多名营销骨干跑到竞争对手那里，对企业来说可谓是灭顶之灾。

事情发生后，我跑到北京向北京大学的厉以宁教授，以及国务院经济方面的相关专家咨询，先自我反思，然后让他们给我建议，如何帮助创维度过重大危机。专家们给出的药方是，通过个人反思祛除"心中的贼"，放权、让利，健全企业合伙人机制，让企业迈向正规发展的轨道。

我本人当过职业经理人，后来下海后我将全部身家都押到了创业上。与职业经理人相比，原先即便决策失误还有身后的企业接盘，可是自己创业就不同了，一切都是风险自担，所以把企业的各种权利都牢牢地抓在自己手里。事实上，我与那位背叛我的企业高管的矛盾也主要集中在对营销模式的认知上，以至于两人到了水火不容的地步，现在想想还是私心作祟，这种矛盾本可以避免。

经济的快速发展，摆在人们面前的诱惑和就业机会很多，光靠职位、薪水不能让职业经理人死心塌地跟着老板去闯荡江湖。有时企业一有风吹草动或诉求达不到心里预期，往往最先跑掉的就是职业经理人。他们转身跑到别的地方，可以继续他们的高薪和职位，而作为老板，企业碰到再大的危机和困难都不能临阵脱逃，因为企业是你的，你的身后还有成千上万人指望着你。老板和经理人关系的处理就是这样微妙，处理好了能够双赢，处理不好则是两败俱伤。

当两败俱伤的问题摆到面前的时候，企业就几乎处于危险的边缘了。面对这样的焦虑和困惑，厉以宁教授及一众专家从现代企业制度的建立，到企业所有权、经营权的分离，以及企业如何从"人治"转变为"法治"，怎样建立合理、科学的分权与风险控制体系等给了我高屋建瓴的意见。专家们认为，企业在成长过程中踩到"雷"和磨难未必是坏事，反而能够成为加速企业转型成功、创新变革的动力，听了这些话，我感动得热泪盈眶，受到的委屈终于有人理解了。

在专家们的肯定和指导下，我对搞好企业的信心和决心大增，在企业内部开展了一场大刀阔斧的改革。从组织再造到人才引进，从打工文化的转变，到创维的事业赢得每个人的心，在厉以宁等专家的指导下，创维建立了一套科学合理的企业管理框架和管理制度，由单纯地约束、监督变成用政策激励和鼓励人才为企业服务。

企业变革带来留住人才和吸引人才等一系列重大决策的改变，使得创维由一个"个人英雄主义"的时代，转向团队作战的时代。为倾力打造新型团队，我们把管理层与董事层分开，赋予各业务团队更大的经营自主权和管理权。作为创始人，我更多地关注公司的战略制定，寻找更多前瞻性的发展机遇，而把日常管理交给了各业务板块的经理，从而确立了创维的职业经理人的分权制度，规范了老板和职业经理人的定位。这场组织变革带来的影响，时至今日都意义深远，不仅平息了营销队伍集体出走的风波，也为创维的日后发展奠定了坚实的基础，我们称之为"再造创维"。

回过头来看，再造后的创维让企业争取到了更大的生存空间，确保企业在困境中活了下来，为之后抢夺市场份额提供了支持，最终在家电市场上占据了重要一席。此外，企业的管理效率也得以提升，确保了企业能够持续盈利，并利用品牌和可观的市场份额，在资本市场上进行了融资，利用扩大的资本再吸收新技术，吸引优秀人才，形成一种良性的发展循环，助力企业做大、做强，一直到现在的智能家电、互联网、光伏产业，再到新能源汽车赛道。

在北京得到高人的指点后，我一直以谦卑、包容的心态面对不确定条件下的挑战，放下身段，发挥团队合伙人的创造性，一步步解决各种困难，艰难前进。返回深圳后的自我反思和接受推动力量，我改掉了自己原先说一不二的毛病，防止自己听不进去劝诫，迷失方向。

即便有时在开会时，我忍不住想说几句，也能及时扼制住想说话的冲动，尊重职业经理人的想法，该我管的我才去管，由职业经理人去思考如何完成他们要做的事。既成就了别人，也成就了自己，避免了企业后续产生更大的动荡。

04

PART FOUR

- 痛苦的人 or 快乐的猪
- 活出我的生命意义
- 以身试法,发现宝藏
- 乘风破浪出击海外
- 连接世界先进文明
- 宝剑、钻石和镜子
- 走进与神角力的国度
- 安纳托利亚
- 出海行路需谨防

创世篇

格局不败，敢为天下先

2023年9月,黄宏生在以色列

2018年,黄宏生与夫人林卫平女士在日本打球

2023 年，黄宏生与法国前总理拉法兰

2023 年，黄宏生与王石先生

2024年，黄宏生与法国前总理拉法兰

2024年，黄宏生在土耳其

2024年，黄宏生在土耳其

痛苦的人 or 快乐的猪

身处深圳，毗邻香港，我跟粤港澳大湾区的企业家茶叙的机会相对多一些，往往一聊就是几个小时，收获颇丰。没人在乎吃吃喝喝，而是全神贯注于科技话题，想知道如何在新的时代变迁中找到成功的机会。

朋友中有比我大几岁的企业家，也有在商海中摸爬滚打几十年的创业者，还有几位是电子行业的国企领导……他们依然奋斗在事业的一线，都不甘心待在家里与这个时代脱节。生命不息，奋斗不止。这么多活生生的事例让我醒悟，为了健康与长寿，要学会在工作中找到快乐，多找一些有趣和有意义的事情干！

我的好朋友王石先生说，坚持长期主义，首先身体要好，活得要长，这一点非常重要。

我认识一位企业创始人，其企业实力在国内同行中位列前三，市场占有率属于"三分天下有其一"那种。可惜的是，创始人在公司上市敲钟时去世了，为什么呢？压力太大，上市要看企业规模、销量和持续盈利等情况。这位创始人没日没夜地忙碌，终日劳累引发颈椎病，痛得无法安然入睡，尤其到了晚上格外痛苦，整宿睡不着觉。白天工作还好，忙起来容易让人暂时忘掉疼痛。广东有句话叫"有时间死，没时间病"，创业者是轻伤不下火线的。结果可想而知，因为长期睡眠不好引发疾病，企业上市敲钟时，创始人被发现肝癌晚期，很快人就去世了，纵有亿万财富又能怎样呢？非常遗憾。

创业本身是一种与命运的博弈，那种艰辛和玩儿命，不是每个人都能承受得了的。有时人们只看到创业者成功后的光鲜，却看不到创业过程的艰难。就以公务员下海为例，网络上曾公布一则消息：每年有1.2万名公务员辞职，但在后续的抽样调查中发现，其中有98%的人都后悔了。

20世纪80年代，我曾经在央企待过，1988年下海创业后经历过无数次九死一生的博弈，深刻理解下海创业的不易。世上没有谁天生就能成功，我的创业之路何尝不是磕磕绊绊的呢，回想起来也是一把辛酸泪。可是既然走上了这条路，就不要回头，而应义无反顾地走下去，直面这种创业的痛苦。我将这种痛苦理念总结为"要做痛苦的人，不做快乐的猪"。说得通俗一些，就是必须做好吃苦和经受痛苦的准备，这样才能在错综复杂的形势和不断的打击下保持平常心。

对创业者而言，自身最大的挑战往往不是金钱，而是健康！企业生存的压力、组织内部的危机、市场的千变万化、24小时陷于救火的工作状态等，都需要强壮的身体做后盾。为了赢得市场竞争，创业者要把最好的产品呈现给消费者，性价比要比别人高，技术含量要比别人高，相应的努力和风险都会很大。

有人统计过，超九成企业家的身体处于亚健康状态。创业者在业绩好的时候要维持增长，压力大；业绩不好的时候，更是想跳楼的心思都有，睡不好觉，健康成为创业过程的长期挑战。有统计数据显示，创业者的平均寿命比普通人短10年，30%的创业者不快乐，那么多的压力，他们怎么可能快乐？东西卖不出去，或者生意做得好好的，突然内部股东、高管分裂出去，大家都想发财，起内讧、闹分离，肯定是快乐不起来的。现在的年轻人都喜欢考公务员、当老师，不想去创业，为什么呢？因为创业太苦、太累，收入也未必高。

有一段时间我经常胃不舒服，非常痛苦，时常怀疑自己是否入错了行，于是四处寻求精神支柱和哲学的解脱。说得高尚一些，人要有利他主义精神，在为社会做贡献的过程中寻找和实现自我；讲得通俗一些，你必须要做好奉献自身和吃苦的准备，这样才能在错综复杂的形势和不断的打击下保持平常心。这说起来像是"阿Q精神"，就像你每天出门都要预计到可能要下雨一样，也算是一种健康提醒。用健康的心态和身体从容面对创业路上的磨难，创业者才会在创业这条路上长期走下去。

所有的创业，到最后拼的都是创业者的健康和寿命，巴菲特90%的财富是在60岁以后获得的。创业能持续多久，看的不是现在能赚多少钱，也不是盖的楼有多高，而是创业者能健康地活多久。

我的创业思考：

活出我的生命意义

> 人不是简单地活着,而是时时刻刻需要对自己的前途做出判断,决定下一刻自己会成为什么样的人。
>
> ——维克多·弗兰克尔

我一周的工作日程安排得很紧凑,周六往往是参加各个板块的总结会,周日与不同的战略伙伴交流、学习、授课。30多年来天天如此,几乎没有一天假期。

可能有人会说,富豪不应是这个样子的,应该住豪宅、开豪车、坐游艇,风光无限,过纸醉金迷的生活,怎么会像你这样活得这么苦?我想他们一定是受影视剧或个别人的影响,对创业者存在一种"普遍都是暴发户"的认知。虽然有些人可能试图通过那些奢华的神秘感来提升自己的吸引力或地位,但那些做法往往难以持久。

去除那些不真实的、故意营造的,或是过度包装的表象,我们还要以更真实、坦诚和直接的方式展现自己,还原自己只是一个普通人的本质，只是我们比大部分普通人幸运和努力一些，才有了今天的成就。创业者不是演艺圈的明星，不用搞得那么神神秘秘，连坐飞机、坐摆渡车都要成为热点。人还是要活得坦坦荡荡，故意去营造一些虚头巴脑的神秘感，整天藏头露尾，在报纸杂志或花边新闻中出现，这些都很没有必要。

我们公司有数万人，加上上下游供应链公司的员工共有十几万人，这么多人要吃饭，自己身上没压力是假的。有一段时间我得了痛风，加上湿疹，睡眠质量相当差，瘦了五六斤，可我还是要不停地奔走，为了事业，为了一份社会责任，也为了身后那无数个家庭。

人的一切痛苦，本质上都是对自己所处环境无能为力或无所作为的愤怒。假若有一天我们连这种愤怒都难以产生，那么我们就会在一种"躺平"的状态中慢慢耗尽自己的意志。

在我出生的那个年月，物资极度匮乏，社会生产力落后，现实逼迫人们要参加繁重的体力劳动，每天都要想方设法填饱肚子。真要赶上灾年，连乡野间的树叶、野菜都被人们吃得精光，哪还有闲心去"躺平"呢？真要"躺"下去，只怕会被饿死，再也起不来了。

20世纪70年代初，我在海口一中读书。那时整个教育系统，包括各种教育设施都很简陋。毕业后，除了少数人能上工农兵大学，大部分人都要去农村或山区当知青。但我们的内心充满火热的激情，想去广阔的平原、山川。

在海南黎母山林场，劳动强度很大，许多知青都苦不堪言。有的人消极怠工、躲避吃苦。有人劝我不要那么傻，不要事事冲在前面，在深山里出那么多力、流那么多汗没人会在意。每次从山上下来我都浑身酸痛，可即使是这样，晚上我也坚持在煤油灯下写日记，翻看课本，为出头之日时刻准备着。1977年恢复高考，我考上了大学，从此改变了自己的命运。

进入大学后，我如饥似渴地学习各种知识，每天学校熄灯后，我用买来的电线、灯泡组装成电灯看书到凌晨一两点钟，四年如一日。正是这种坚持，让我取得全年级第一的好成绩，在大学毕业时如愿进入当时的中国电子技术进出口公司华南分公司。

一个人的青少年时代，是最容易产生愤世嫉俗情绪的时期。当希望破灭、心愿难遂或遭遇不公时，我们习惯去抱怨，可是抱怨又有什么用呢？不会有根本的改变，反而会让自己的心情变得更糟糕和痛苦。

每当处于事业低谷时，我总会想起在黎母山林场当团委副书记时的一件事。为了在深山老林中修一条运送木头的山路，我主动请缨组建了一支青年突击队，并冒险担任爆破手。想想当年的场景，一根大绳拴在腰上，把我吊在悬崖上，随着一个又一个炮眼被点燃，我的心情既激动又紧张。

其实有时想来我也有些后怕，不知当时为什么要去干那么"愣"的事，后来渐渐想明白了，一是在那偏远的山区，年轻人旺盛的精力无处释放，二是我天生有一种冒险的基因，这让我很多时候都像一个爆破手，从一个炸点奔向另一个炸点。

我这 30 多年的创业之路何尝不是一条冒险之路呢？如果去搞一些短期的、投机主义的东西，恐怕早被市场淘汰多回了。从当初辞去稳定的央企高管岗位，到后来一路跌跌撞撞闯进电视机行业，经过一轮又一轮的洗牌，创维成为侥幸活下来的一家彩电企业。再后来，二次创业进入新能源汽车行业，在历经家电业的"世界大战"之后，又参与到第二场智能化电动汽车的"世界大战"中，历经造车新势力一拨儿又一拨儿的筛选，我们又艰难地活了下来。

很多人问我，何必这么拼呢，安心当个富家翁不好吗？想想身后那数万名员工和他们的家庭，想起第四次工业革命对新能源汽车发展的迫切要求，身为一名与国家命运紧紧连在一起的民营企业家，我怎么能安心去做一个深居高宅、不问世事的富家翁呢？

每个人都会害怕苦难和痛苦，但苦难的背后是什么？是黄金，是财富；痛苦的背后呢？是快乐，是幸福感。只要我的生命允许，我将为事业一直奋斗下去，活出属于我的生命意义！

我的创业思考：

以身试法，发现宝藏

很多人问我：黄董，你都 60 多岁了，怎么还要二次创业去折腾，而且折腾的还是那么难搞的新能源汽车？

类似的问题不知被问过多少次，每次被问到我的心里都"咯噔"一下。

是啊！我这一辈子忙忙碌碌做制造业，每一天的工作都是按分钟来安排的，虽实现了财务自由，却不能享受收获，这是多么大的一种遗憾。

现在又进入新能源汽车行业，投资更大，风险更高，几乎天天都有陷入危机、倒闭的同行企业，我为什么还要执意走下去，甚至有些流连忘返呢？可能很多人都不了解，其实我在造新能源汽车的同时，也是个人健康受益最大的先行者。

前面我说过，因为在创业过程中长期疲劳、过度工作，从而导致了高血压，以及频繁的感冒、发烧、咳嗽，睡眠质量很差，这些问题长期困扰着我，我也一直在边工作边寻找调理身体健康的方法。有人给我推荐国外的一些维生素和蛋白质类保健食品，被我拒绝了，长期吃这些东西只会加重肝脏的负担，对健康调节并无多大益处。我们公司曾经有一位高级副总裁，晚上失眠的时候就听交响乐，结果越听越睡不着，听人推荐吃了各种维生素、蛋白质，一点儿作用也没起。

为了自己的健康着想，我尝试陪同孩子去国外读书，打算静养一段时间，如果能调理好身体，长期在那边也行，毕竟身体是革命的本钱，健康才是自己最大的财富。在那边住了三个月，尽管环境十分优美，各种条件也都很好，但依然没解决我身体上的问题，这使我很苦恼。

真正解决我健康问题的是我投身新能源汽车制造之后，因为天天跟工程师们拆解行业的各种车辆，包括对标特斯拉，买了好几辆竞品车进行研究。有一天工作太累了，我干脆躺在电动车里开着空调睡着了，睡得十分香甜。

这次深度睡眠的感受如同是在探险中发现了金矿，让我发现了新能源汽车造福人类的新卖点。电动车对提升睡眠质量的裨益主要有以下两点。

一、电动车本身是零排放的，没有一氧化碳、二氧化碳等废气排放，不用担心损害人们的身心健康。

二、车内空间大小恰到好处，刚好够一人入住。中医里的经验和理论说明，人躺平的身体与其所处的空间会达到一种平衡，让人能够很容易进入深度睡眠，拥有良好的睡眠质量。

对睡眠空间的认识，我曾有过一次很深的体会：有一次我去美国拉斯维加斯参加展会，遇到了一些很好的战略伙伴，他们为了招待我，给我定了很豪华的总统套房。我很开心地接受邀请试住了一晚，第二天我却再也不愿意住在那里了。因为总统套房的房间太大，空调要不停地循环，气体流动间接影响到睡眠者的呼吸和中医所称的"中气"，搞得我从半夜到天亮，一直都没睡着。后来我去北京参观紫禁城皇帝睡觉的地方，房间通常不超过 10 平方米，古人认为房间不需要太大，否则会吸走人气，导致失眠。

相比之下，电动车的空间大小刚好能容纳一个人，是一个适宜深度睡眠的第三空间。我为自己的这一发现兴奋了好久，一直到现在，每天中午我基本都会在电动车上睡一会儿，醒来后精神百倍，有如神助。

为了更好地发挥电动车的这一优势，我让工程师们进行了智能健康座舱的迭代开发，到现在已经进化到 3.0 版本，实际上就是一个主动的健康监测系统。

举例来说，比如你晚上睡眠质量不佳，或者有疲劳感，监测系统会提醒你不适合长时间驾驶，或者今天血压、心跳有一点儿偏离正常数值，需要引起警觉。当监测结果不正常时，监测系统就会及时提醒你：亲爱的车主，您现在血压偏高，心动过速，已进入危险状态，请及时联系相关医疗机构，同时持续警惕您的健康状态。

创维汽车智能健康座舱技术，包括座椅按摩、播放舒缓催眠音乐等，使驾驶者休息时能轻松快速入眠。以我为例，从事新能源汽车制造十几年最大的收益，是我健康水平的恢复，感觉自己又回到了 30 岁的健康水平。血压、肠胃功能都恢复了正常，不再失眠。我将这一切功劳都归结到深度睡眠这一剂良药上，是深度睡眠让我实现了自身机体免疫力的提升。

当然，这一结论可能会存在一定的争议，但我还是希望能让更多的人知道和了解新能源汽车，享受到创维汽车的健康回报。除了在低碳排放上利国利民，在智能技术的加持下，让驾驶者拥有更健康的身体，奔向百岁人生，也是创维汽车的愿望。

创业路漫漫，荆棘坎坷遍地，在求索的过程中，得到一个很好的发现和乐趣回报，何其有幸。新能源汽车的健康赋能，应该是我漫长且艰辛的创业行动感动了上天，它为我打开了一扇窗，让我发现了这一"宝藏"，有了用另一种方式回报社会的机会。这是否正是"工作再苦也是快乐的"的一个有力佐证呢？

我的创业思考：

乘风破浪出击海外

对于创维的海外业务选址，我认为有两个地方是很适合的，一个是欧洲，一个是东南亚。

欧洲由 40 多个国家组成，是当代社会文明和商业文明的原创地，也是工业革命的发源地。至于后来崛起的美国，包括澳大利亚、新西兰等，其人口都是从欧洲移民过去的。那么多国家相互包容、相互吸引，不会形成一家独大的绝对垄断。

东南亚国家跟中国离得很近，同处亚洲，中国的发展和崛起对东南亚国家是有好处的，所以它们从之前看不起我们，到现在对我们产生好感、认同。这两大区域是值得中国企业关注的。

我是做外贸起家的，当年在电子工业部时就经常出国，要出国就要讲英语，对于我们那一代的大学生来说，讲英语是一大挑战，因为基础太差。上了大学以后，受到同学的感染，我从 26 个字母开始，天不亮就在学校的各个角落背单词，朗诵英语课文，恶补了四年英语，为我毕业后的出国交流打下了坚实的基础。

刚出国时，我的英语水平还停留在会看不会说的阶段。好在除了生活方面的那些单词不太熟悉，对于计算机、无线电方面的专业单词、行业术语，我还是滚瓜烂熟的。于是从最开始的一个单词一个单词地蹦，加上手势比画，我跟外国人的交流慢慢地就由吞吞吐吐变成了一句话一句话地表达，最后还能够说说笑笑。

1991年，也就是下海创业的第3年，我和创维技术人员来到德国柏林电子展，靠着一台手工拼装的第三代集成电路彩电，以及磕磕绊绊的英语介绍，一次性拿到了2万台彩电的订单，从此为创维插上了飞翔的翅膀，也由此让创维与德国结下了不解之缘。二十年后，创维与德国本土电视机企业——美兹（Metz），经历了由代工到收购的关系变化，在这个过程中，我在欧洲结交了很多朋友。

美兹是一家有着近百年历史的德国本土电视机企业，其集电视机研发、生产、销售于一体。美兹于1955年开始设计并生产电视机，以生产高端电视机为主，在全球18个国家和地区销售。它是德国两大高端电视品牌之一，其产品被业界称为"奢侈品电视机"。

从2013年9月开始，创维与美兹开始了电视机OEM合作，经过一年多的合作，创维对德国人的产品技术、质量要求有所熟悉，美兹也对创维坚持的长期主义和技术追求予以认可。由于美兹创始人去世，创始人的遗孀九十多岁，说话都不太清楚了，因此企业陷入连年亏损的状态，于2014年9月提出申请破产，被德国纽伦堡政府监管。

有之前的合作做铺垫，创维选择花5000万欧元收购了美兹，先前的债务由纽伦堡政府负责，但前提是保住数百人的就业。以这个成本收购一个百年欧洲品牌，还是挺值的，国外消费者的品牌意识很强，所以一些老的品牌在欧美很值钱，对于创维进入欧美高端市场有很大帮助。

要想成为一个国际化品牌，创维光靠在东南亚、南美、非洲等开拓新兴市场是远远不够的，必须进入主流的欧美发达国家市场才行，收购美兹成为创维打入欧洲的第一步棋。成功收购美兹公司，让创维对发达国家的企业和市场运作模式有了深入了解和经验累积。欧洲的家电连锁总部大多集中在德国，德国家电连锁和法国超市连锁，占据了欧洲家电60%的市场份额，创维把德国市场做好了，整个欧洲的家电连锁销售渠道就会得到很好地开拓。

欧洲市场的电视容量为5000万台/年，和国内市场容量基本相当，且高端市场占比远远高于国内市场，是典型的利基市场。当时日本品牌大面积撤出欧洲市场，正是中国企业进军的大好机会。通过跟高端品牌结合提升品牌形象，同时进行双品牌操作，创维成为名副其实的全球电视品牌。

创维收购德国美兹后的前三个月是融合期，企业文化上的冲突随之而来。美兹人工成本高、绩效激励方案不合理，且对突发事件响应慢，中方希望进行调整，但是却遭到了德国管理方的反对。我当时考虑的是，收购美兹，不谈文化差异，如同收购比自己更高级别的生态，面对巨大的挑战，自己要主动去学习、进化和融合，积极沟通，分步进行调整，这样才能平稳过渡。

正式和美兹进行交接后，创维保留了接近 70% 的原岗位人员，将美兹的研发和制造体系有效平移到创维，让创维直接拥有先进技术、尖端设计和高品质等"德国基因"，这对创维的研发水平、制造工艺起到了积极有力的提升。

事实证明，这样的决策是正确的。创维收购美兹取得了很大成功，不仅快速顺利交接，且在一年内就实现了盈利，在高端产品上的发力也得到了良好的反响。收购美兹后，我们取得了一系列的专利、品牌、版权，解决了创维在欧洲专利版权和供应链方面的一系列问题。而美兹 OLED 荣获了欧洲权威设计奖——"Plus X Award"年度创新奖、高品质奖、设计奖、宜用奖、功能奖五项大奖，力压群雄。时至今日，美兹已成为创维海外布局的一个持续盈利点。

创维在海外的布局已有近二十年的经验积累，这当中有成功的案例，也有失败的教训。每一步的开启都是由难到易的，像我当初刚接触英语时那样，先是硬着头皮背诵那些生疏的单词，然后静下心来学习语法，一点点地积累，最终成为一名能在外国人面前侃侃而谈的国际化商务人士。企业的海外布局也是这样，勇敢踏出第一步，顺应潮流发展，总会在全球化市场中分得一杯羹。

我的创业思考：

连接世界先进文明

四十多年来,频繁地出入国门,我亲身感受到改革开放带给中国日新月异的变化,国力日渐强盛,人民的生活水平不断提高,衣、食、住、行、用发生了巨大的变化。中国人开始接触到越来越多的外国人,普通人出国也从原先很奢侈的一件事变得稀松平常,最重要的还是国家实力的变化带给人们民族自豪感和自信心的提升。

20世纪90年代,我经常去美国硅谷考察,有一个很深的体会——硅谷是靠数百万名科学家、工程师拼出来的,不是吹出来的。每去一次都能给我新的震撼和鼓舞。

1999年年初,我参加了美国拉斯维加斯全球电子展,亲身感受了美国科技的发达。到美国后,我想买一些数字电视HDTV和SDTV的样机带回来研究,但是不知道去哪里买。我想找一个移居当地的华人朋友,可却连这位朋友的家在哪儿都找不到,怎么办呢?驾车的司机启动了"卫星定位仪",就是今天所谓的GPS导航。我告诉了司机地址后,汽车显示屏上立刻出现了朋友家的方位，并详细说明了汽车目前的方位到朋友家要走几号公路，在什么地方拐弯，甚至拐几个弯，整个行车路线标注得清清楚楚。沿着"卫星定位仪"指定的路线行驶，车速很快，为了保证驾驶安全，司机干脆不看显示屏，而是由"卫星定位仪"播放声音提示路况，很安全地到了朋友家，我感觉真是太神奇了。

到朋友家后，他立刻在互联网上帮我查询 SDTV 和 HDTV 的售卖店。搜索结果很快就出来了，这两款产品在旧金山只有一家专卖店，库存只有两台。当天晚上我们就乘车去把那两款产品买了回来，如果没有"卫星定位仪"，没有互联网的搜索功能，那就肯定没有那么高的办事效率，这就是先进科技带给美国人的便捷生活。

后来，我约了几位已经在美国工作生活多年的大学同学，他们中有硕士、博士，大都是搞研发的。多年不见，大家聚在一起互相问候，内容特别一致，大都是"你新开发了几个产品""你们公司产品的技术优势有哪些"……给人感觉是科技的天下。有个同学新开发的数字 ADSL（非对称数字用户环路）使电路频带加宽，能使当时的电话线路的上网速度提高上百倍，而且可以传送图像。对他们来说，见面谈科技实在是一件太普通的的事情，这让我在很长一段时间都很羡慕。

几年后中国正式加入WTO，这才全面融入了人类科技文明和商业文明。产业链融入世界，改变了大部分中国人的生活方式。很多农民进城成为产业工人，一步跨入工业社会，这种改变带来的变化是巨大的。

二十多年过去了，那些曾经让我很眼热的科技产品如今在国内随处可见。从上到下，中国各级政府都很支持科技强国、制造强国，创造好的营商环境，为科技发展创造条件。

很多在美国硅谷工作的华人精英回到国内创业，像我比较熟悉的上海交通大学的钟先生，去美国读硕士，之后在世界500强企业工作，然后去了英特尔工作，再后来他从英特尔出来独自创业。1999年，创维集团在硅谷设立研究室，所租的房子就在他的创业公司旁边。钟先生从英特尔离职后做消费类电子芯片设计，美国在二十世纪七八十年代时就将制造业外移，所以他也远离制造业市场，生意很不好做。后来他回到上海，在家里搞芯片设计，从学校里招聘了一些"廉价"的工程师，贴近市场需求研发芯片，包括为创维等公司提供芯片设计，没想到竟然成功了，前几年他的公司在创业板上市，市值达500亿元人民币。

我的那些长期留在国外工作生活的大学同学，有些没有像钟先生回到国内创业那么幸运，除了个别人做到科技公司副总裁的位置，其他人都没能实现独立创业的梦想。反观那些留在国内发展的大学同学，大都利用专业特长进行创业，借着改革开放的红利成就了一番自己的事业。

客观地讲，这些年美国看上去似乎影响力有所下降，但瘦死的骆驼比马大，它的实力依然不可低估。作为西方商业文明和开拓精神的代言人，美国经济可以说是"创造性毁灭"，无法适应时代需求的旧企业会被迅速淘汰，推动历史进步的新企业将生生不息。

在美国持续伟大的背后，一方面离不开硅谷数百万名顶尖科技人才的不断突破、创新，推动全球科技产业快速发展；另一方面是层出不穷的优秀企业家群体：从汽车大王亨利·福特、钢铁大王安德鲁·卡耐基，到通用电气的杰克·韦尔奇、英特尔的安迪·葛洛夫，再到苹果的乔布斯、特斯拉的马斯克……毫不夸张地说，企业家群体是美国经济活动的火车头。企业家精神的自由张扬，给这个国家带来了繁荣的经济景象。

自改革开放以来，中国很多公司的治理模式都是学美国等西方国家的。从企业角度来看，只有汲取先进的商业文明经验，才能带领企业走向高峰。举个例子，华为为什么能成为中国最伟大的企业之一？他们花了好几十亿元人民币，向 IBM、毕马威、美世等世界级咨询企业进行咨询，拥有了先进高效的组织模型、财务模型、商业模型、人才模型……这一下子让华为搭上了世界商业文明的巨轮。如果华为选择故步自封，不向全球最先进的商业文明学习，那怎么可能有源源不断的科技创新呢？

从个人角度来看，马来西亚成功集团的陈志远先生，华人首富，福建人。马来西亚曾经是英联邦的所属地，陈志远先生吸纳了西方先进的商业文明思想，将麦当劳、星巴克、7-11、Wendy's 快餐、连锁书店博德斯等一系列国际知名品牌引入马来西亚。其中，7-11 便利店在马来西亚的门店数已经超过 2000 家，他也成为马来西亚的超级富豪。

中西方文化交融意味着我们能够容纳世界的智慧，往往比仅容纳单一的文化要更胜一筹。连接世界先进文明与坚持自主发展并不矛盾，有一个开放包容的胸怀，对国家、企业或个人来说，都百利无一害。

宝剑、钻石和镜子

大部分中国人对日本是抱着一种复杂情感的，但不得不承认，日本在许多方面值得我们学习。

春节旅游的时候，我跟家人一般会选择去日本打高尔夫球，日本的球场不会露出泥土，绿茵茵的，维护得很好。打完高尔夫球以后，吃一顿日本料理，回酒店睡个午觉，下午再约按摩师做个按摩，价格比香港便宜很多。晚上吃的日本菜既卫生又滋补，食材相当新鲜。早上起来跑步，周边环境鸟语花香，让人心情很愉悦。

去日本的次数多了，我就知道了当地的一句谚语，说一个人成功要有三样宝物：宝剑、钻石和镜子。在日本文化中，剑是一种武器，也是一种象征，表示武士的勇气和决断力。拥有宝剑的人可以斩断犹豫和困扰，勇往直前，做出明智的决策。钻石，是一种珍贵的宝石，需要长时间处于高温高压环境下才能形成。它代表在困难和挫折面前不屈不挠的精神，以及追求卓越和成功的决心。镜子则可以让人看到自己的外表和内在，反思自己的行为和思想。经常照镜子,会让人意识到自己的不足,并不断改进自己的行为和态度。

将这三样宝物加在一起,就是一个人成功所具有的优势和能力,引申到创业上可以称为"核心竞争力"。在现实中,许多人往往高估自己的实力,或者把问题想得太简单,这在前行的路上就容易出事。因此,每一个人生活在社会上,都要以你最优秀的东西来跟社会进行交换。

我在1988年创业时,周围人购买最多的电视机就是东芝、索尼等进口货,当时国产电视机的竞争力很差。东芝在20世纪90年代有一句广告词很火,"TOSHIBA,TOSHIBA,新时代的东芝",在中央电视台滚动播放,东芝的彩电、洗衣机、冰箱,成为很多家庭向往的三大件。那时购买一台日本29英寸的画王彩电,要花15000元,而我下海前一个月的工资才两三百元,差不多要不吃不喝攒5年工资才能买一台进口电视机。我那时还是副厅级干部,可想而知普通老百姓要想买一台进口电视机实在不是一件容易的事,这也是我创业造电视机的一个原因。

1990年,我跟参观团去日本夏普交流,夏普是当时日本做显示器、做电视机领先的企业。

那个时候改革开放才 10 年左右,我们国家还在解决温饱问题,人家已经是发达国家了,家电制造业涌现出很多驰名世界的品牌,我们当然是去学怎么造好家电的。日本人待人很客气,但也仅限于让你看到他们想让你看的,关键的技术他们是不会让你看到的,不是将你很礼貌地请出去,就是在设备上蒙上一块黑布,什么也看不到,所以要想求得真经,还得靠自己领悟。

经过 30 多年的奋斗,我们创办的企业从模仿开始,到不断在电气化产业道路上完善产业链条,从产业链低端向高端发展,我们与中国家电同行一起,逐渐赶上并超越了索尼、松下、东芝这些日本企业。

2001 年左右,我从东芝、松下这些日本公司大量裁减下来的技术人员中,聘请了一些比较优秀的技术领导者到创维。他们很快融入企业,并把日本的技术带过来,还把日本上游的合作伙伴关系,以及日本对质量的卓越追求引入创维。

应该说,创维现在之所以能赶超东芝、索尼这些巨头,与站在巨人的肩膀上发展是有很大关系的,不管是引进东芝的还是索尼的技术人才,或者是美国硅谷的科技人才,都得益于中国的对外开放。能够链接到外部先进的科学技术和人才,让创维打造出了自己的核心竞争力,得以在商海竞争中勇往直前。

在坚持自主创新的同时，最大化借用外部智力资源，是我们快速缩小与国外先进企业差距的最好方法，这也是改革开放政策所带来的巨大红利，如果没有这些国际化的交流和人才流动，中国经济的发展也不会如此快速。

向强者学习并不困难，关键是能承认别人的优秀，保持谦虚、开放的心态，接收到外部信息的输入，并将这些信息应用到自己的创业中。

我的创业思考：

走进与神角力的国度

《出埃及记》是我百听不厌的西方音乐，每次遭遇巨大困难时，我都会选择多听几遍，听完立刻感觉浑身充满力量。2023年9月，我跟创维商学的一众企业家学员开启了以色列国际游学之旅，去亲身感受那出自《圣经·旧约》的故事。

—

每天黎明，三大宗教的圣地会以它们自己的方式醒来。

来到以色列的第二天，我起了个大早，迎着晨光，沿着海岸线快步行走。忽然我被眼前美丽的天然景色惊呆了。这块神圣的土地，犹太人可是为之奋斗了3000年啊！

犹太人多灾多难，经历了上百场毁灭性的战争，现在以色列全国的人口也就900多万，仅第二次世界大战期间就被屠杀了600万人，几乎灭族。1948年好不容易正式建国，却又不断地发生战争。但是犹太人百折不挠，向死而生。数次中东战争，在周围国家的围追堵截之下，以色列非但没有被摁死，反而发展得越来越好。

以色列，在希伯来文中的意思为"与神角力者"，国名来源于《圣经》：犹太人的祖先雅各与神角力并取胜，于是神赐名雅各为以色列。

以色列地处地中海沿岸的沙漠地带，国土面积有一半都被内盖夫沙漠覆盖。风景虽然很美，但是没有足够的淡水，导致人类无法长期生存。为了解决淡水和生存问题，以色列人利用科技创新走向自我拯救之路：一是滴灌技术，解决了农业用水问题；二是海水制淡水，成本做到世界最低。这是真正的科技救国的案例，对于创业者有很大的启迪和思想共鸣。创业群体如果哪一天遭遇到无法克服的生存挑战，不妨在放弃前走访一下以色列，相信一定能找到前进的力量……

在游学之前，我就在读英国作家西蒙·蒙蒂菲奥里写的《耶路撒冷三千年》。这本书可以给人以智慧和见识，让我们更多地了解犹太人和以色列，对犹太人的历史呈现可能比向导讲解得更为深刻。

在游学期间，在佩雷斯和平创新中心，我们走进创新密室；

在基布兹集体农庄，我们了解了以色列举世闻名的滴灌技术；在海法，我们欣赏到美丽的巴哈伊空中花园……置身以色列的各处胜地，感受实实在在的风土人情。

以色列国土面积虽小，却孕育出强大的创新能力和创业精神，成为吸引全世界投资者的"创业之国"。据统计，以色列创业企业密度居全球第一，平均每1800多人中就有1个创业者；人均风险资本投资全球第一，是美国的2.5倍、欧洲国家的30倍、中国的80倍、印度的350倍；其在纳斯达克股票交易所上市的非美国公司超过整个欧洲总和。

如此"弹丸之国"，何以在建国75年里创造出享誉全球的创新创业奇迹？探寻这个问题的答案也是我们那次海外游学的主要目的之一。通过接触不同的生活方式、风俗习惯和文化背景，将学员们的思维打开，以包容之心去理解和尊重差异，培养出开放的心态和国际化的视野。

二

从飞机降落在特拉维夫开始，我就感受到了来自创维汽车以色列独家经销商——卡杜里集团的热情和惊喜，近距离接受异国他乡那如老友般的亲切和真诚。刚下飞机，卡杜里集团安排的十几辆创维汽车就在机场外迎候我们,并带我们浩浩荡荡地直奔地中海海边。这是我创业35年以来规格最高的国际出行,有点儿像美国总统出访各国都要用美国制造的汽车护送一样,真是心潮澎湃!

卡杜里集团的五位亲兄弟,最大的82岁,最小的也已经73岁。他们的家族创业从1948年开始,至今已有77年(他们的父亲从伊拉克逃难回到以色列开创起家)。经过几代人的经营,他们的企业成为当地著名的家族集团公司之一。

2021年创维汽车进入以色列,作为独家经销商的卡杜里集团在不到两年的时间里,销售创维新能源车2500辆,而且价格接近奔驰车的水平,中国造的创维新能源车竟然受到以色列大量用户的认同,进入当地销售排行榜前8名(与奔驰、宝马同处第一阵营),而以色列是全球科技领先的国度啊!

在内坦尼亚商学院,教授们与我们分享了犹太文明及塔木德文化的精华,让我们了解了以色列之所以成为创新创业国度的原因。生于忧患,奋力生存,批判精神和教育传承成就了这个中东唯一发达国家的生存和进步。对于习惯于儒家文化和惯性思维的我们来说,学会运用强调批判性思维以及质疑精神的塔木德文化来看待问题,说不定在"山穷水尽"时,会发现有更好的路径在等着我们。

在生物科技 & 医疗器械孵化器 Shizim 公司参访时，主办方分享了 10 个生物科技与医疗器械项目，每一个都能解决目前在医药健康和疾病治疗领域的具体问题，科技进步为百岁人生保驾护航，引发了一行人强烈的兴趣，有随行的企业家跟 Shizim 公司创始人专门做了互动交流。

晚饭后，是海边散步和复盘环节。在东地中海海边，一群来自万里之外的东方创业者，以虔诚之心和满腔热忱，消化来自犹太人的智慧和经验。企业家们各抒己见，不同行业的人有不同的角度、不一样的观点，但有一个共同点，那就是要将学习到的以色列人的那种忧患意识与创新精神带回国内，赋能自己主业的发展，助推祖国的繁荣强大！

三

从以色列回国，那种在异国他乡所受到的科技文明、异域文化的冲击还在我的体内沸腾，让我心绪难平，不吐不快。

3000 年的长期奋斗，以色列从无到有，周边的国家在过去 3000 年中都衰落了，唯有以色列一国走向强大。在这片干旱的沙漠荒土上，无水无生存条件，犹太人硬是不断地奋斗让以色列成为中东霸主。在 1948 年建国后的 75 年里,以色列的人口从 60 万人增长到 2023 年的 900 万人,增长了 14 倍。与人口众多的邻国相比,以色列人口仅占邻国总人口的 1/170,其实际控制面积仅有邻国总国土面积的 1/50。但以色列的总 GDP 是其邻国总和的 84%,人均 GDP 是其邻国总和的 1.85 倍(2018 年的数据)。

犹太人的起源和历史是漫长且复杂的。他们经历了多次挑战,在这些挑战中,他们一直保持着坚韧和勇气。这些挑战赋予了犹太人倔强生存的智慧和韧性,成就了今天的犹太人和以色列。

在耶路撒冷博物馆,1:50 的古城模型浓缩的不仅是建筑,还有其跌宕起伏的历史。耶路撒冷圣殿几度被毁,犹太民族数次面临亡国灭种的危难,新旧朝代的更替伴随着无休止的战争。在大地上,一层一层的白骨和建筑的叠加,每个时期又产生新的文明,推动社会的发展。在著名的哭墙旁边,战争留在城墙上的弹孔,昭示着这里的一草一木都是用实力和鲜血换来的。

以色列学者尤瓦尔·赫拉利的《人类简史》将人类历史分为四个阶段:认知革命、农业革命、人类的融合统一与科学革命。书中说,7 万年前,智人出现了新的思维和沟通方式。智人之所以得以统治地球，是因为智人是唯一可以大规模且灵活进行合作的物种，这正是所谓的认知革命。

在"认知革命"之后，智人拥有了创造及相信虚构事物和故事的能力，这些虚构的事物和故事包括神、国家、民族等。这促成了耶路撒冷被誉为三教圣城的宗教地位，在犹太教、基督教和伊斯兰教的历史上扮演着重要角色。

在游学过程中，我们观看了耶稣成为人们信仰之主的历程——苦路十四处。14张图片代表了33岁的耶稣所走过的生命之路：（1）被彼拉多判处死刑；（2）背起十字架；（3）第一次跌倒在十字架下；（4）遇见圣母玛利亚；（5）古利奈人西门帮助耶稣背十字架；（6）妇人维洛尼加为耶稣擦汗；（7）第二次跌倒；（8）对为他痛哭的耶路撒冷妇女们讲话；（9）第三次跌倒；（10）被剥掉衣服；（11）被钉在十字架上；（12）在十字架上死去；（13）被取下十字架；（14）被安葬在墓穴中。

想想企业家们所经历的创业过程，几乎也是在经历一次次向死而生的苦难后获得重生和希望。世上哪有那么多的一帆风顺和平平安安，行业内卷、经营困境、金融风险、内外部环境变动，每一次危机都是一道坎儿，每一次苦难都像一颗钉子，把企业或企业家钉在受难的十字架上，以此遭受世人不理解的指责、挑衅！创业九死一生，如果创业者没有一定的自我牺牲精神，想要挣脱苦难何其容易。

在科技快速发展的今天，犹太人已经用科技引领成为世界上的优秀民族，他们用5%的土地和95%的信仰与精神的力量，实现了犹太民族的复兴。以色列更是全民科技兴国，吸引世界500强企业在他们国家建立研发和总部基地。而以色列的儿童教育、家庭团聚、民族和谐、全民健身、高品质生活的标准，则让以色列人成为幸福的国度、长寿的民族。就像创维汽车在以色列的大贵人——卡杜里集团的卡杜里兄弟，虽然平均年龄为75岁，但5兄弟个个精力充沛，活到老干到老。

一回到国内，我就又开始忙碌在创业的路上。只要我的身体还允许，我就会不停地奋斗在前行的路上，哪怕有各种各样的苦难和磨炼，我也会像以色列人那样在夹缝中求生存，在困苦中盼崛起，让自己越来越强大！

安纳托利亚

"安纳托利亚"一词源于希腊语,本意为"太阳升起的地方"。

这一年,我数次应邀到访土耳其,参加南京市政府、深圳市政府组织的经贸交流会。对于这个有着久远文明和深厚历史积淀的国家,我的心里有一种说不出的景仰。

早在距今4000年前,文明的曙光就已经出现在安纳托利亚高原。在漫长的历史进程中,东西方文明在此融汇交流,创造出一系列辉煌的早期文明。在古代赫梯人的文化遗存和特洛伊战争的动人画卷中,记载着安纳托利亚尘封的往事,那些古典建筑的残垣断壁,印证着地中海文明的历史。

在交流会的间隙,我漫步在伊斯坦布尔街区,品尝美味的烤肉和烤鱼,清淡可口的凉菜小吃,浓郁馥香的土耳其红茶。在蓝色清真寺和有巨大圆顶的圣索菲亚大教堂前,听着导游细述那些丰富的历史沉淀,让人感到既新奇又熟悉。

当下的土耳其是一个世俗国家,但其穆斯林人口达到了98%,城市的不少地方充斥着浓厚的宗教气息。这是一个有着宗教传统的国家,小亚细亚半岛由于拜占庭帝国统治,基督教曾风行千年之久,后来伴随着突厥人长驱西进的步伐,教堂的钟声逐渐远去,随之而来的清真寺的宣礼声此起彼伏,小亚细亚半岛由此融入伊斯兰世界。

相较于中世纪的攻占、兼并、征略所带来的不同种族、文化的融合,经济全球化的今天,世界各国的融合与联系却并非通过战争和冲突来实现,而是通过经济互补、贸易往来、投资合作以及文化交流等多方面的和平方式达成。

2013年,中国提出了"一带一路"倡议,以此促进亚洲、欧洲和非洲的经济一体化。

"一带一路"倡议的推进,绝对绕不开土耳其这个位于欧亚大陆连接处的国家,它横跨亚欧大陆,作为地中海、爱琴海、亚速海、黑海及马尔马拉海地区的海运交通网络重要节点,是亚欧大陆的桥头堡。

改革开放四十多年来,中国从一穷二白到引领全球,作为中国改革开放事业的参与者、受益者,我真切地感受到了中国共产党和政府为中国人民谋幸福，为中华民族谋复兴，为人类谋进步，为世界谋大同的决心，这种精神时刻引领我不断前行。

二次创业之初，我紧跟国家"一带一路"倡议的步伐，坚持走国际化发展战略，积极深耕海外市场。目前创维的新能源整车已累计出口 60 多个国家和地区，土耳其作为"一带一路"上的一个重要跳板，更是创维汽车全球化布局的重要一环。

进入土耳其市场仅一年，创维汽车就获得了土耳其 2022 年度最佳电动汽车奖，销量占当地市场份额的 14%，并与土耳其 Ulubaslar 集团达成了共建电池生产厂的合作协议，正是因为有了这些海外合作的基础，我才顺理成章地成为双方政府经济交流会上的常客。

在经济交流会上，创维汽车与土耳其数家本土企业达成战略合作，旨在共同推动创维汽车在土耳其新能源重卡、微卡，以及物流车电动化项目中的开展。这既是创维汽车国际化战略的一个巨大推进，也是积极推动全球减碳排放及应对气候变化，承担社会责任的重要体现。

2023 年 2 月，土耳其、叙利亚发生 7.8 级地震，给这两个国家的人民带来了巨大灾难。在天灾面前，人的力量是很渺小的。从创维汽车海外业务人员处了解到，土耳其的合作伙伴远离震中，没有造成多大的影响，只是一处靠近灾区的门店受了些损失。在救援行动中，创维汽车海外业务人员前往灾区，为受灾的人们送去了一些力所能及的温暖。

在这个永恒的世界中，我们常希望看到未来是什么样子，希望能提前预知并避开各种风险。虽然用尽手段，但人类仍然避免不了战争、地震、洪水的来袭，以及各种极端天气的发生。这些灾难如同一个人的一生所经历的磨难，督促着人类的进化和发展。

站在地中海岸边，感受千年不变的海风，遥望身后那座古老而现代的都市，它们见证了这片土地数千年的文明演化。从古罗马、拜占庭、塞尔柱突厥，到14世纪初横空出世的奥斯曼帝国，都早已化为历史尘埃。而今从安纳托利亚高原升起的太阳，照耀的是一个崭新的土耳其共和国，在阳光下的，是一派现代化的景象。

出海行路需谨防

做海外生意，多多少少会踩到海外的"坑"，有的"坑"还很大。

去海外布局需要组建自己的团队。如果你有产品，想找当地的经销商，那就要有人去跟进。最好结交当地的合作伙伴，不要抛开当地经销商做直销，否则大概率会失败，我熟悉的一些国内品牌在海外做直销，几乎全部败北。人生地不熟，还要搞直销、建直营店，肯定会水土不服。只有在当地认真寻找这个行业里有经验的团队，才能快速融入当地社会。

既要大胆使用当地人才，又要避免法律风险。创维数字的机顶盒业务算是公司出海比较早，也较为成功的产品，但在巩固欧洲市场的时候也踩了一个"坑"。

2015年7月，创维收购了欧洲著名机顶盒品牌企业Strong集团，实现了国内该行业首家欧洲跨境并购。但接下来的融合过程让人很闹心。收购Strong公司后，本着人才可贵的原则，我们接收了这家公司的员工，而这家公司的原 CEO 并不认同创维的管理，跟我们打官司索赔 1.2 亿欧元，相当于 10 亿元人民币，简直是漫天要价。打了三年官司，虽然官司打赢了，但是律师费也花了几千万欧元，而且还浪费了很多精力。

无论在哪里做生意，都要注意识别奸商。对你花言巧语，把他的信用吹嘘得天花乱坠，等你把货物发过去，他们收到货以后就消失了，异国他乡你怎么去找呢？所以在付款方面，我们一定要打起十二分的精神来。当然，我们可以通过国家的中信保进行保障，但是真要发生了损失，中信保也只能赔付一部分，不会全额赔偿。所以最重要的还是要提高自身警惕，避免上当受骗。

创维曾经在 2010 年上过一个骗子的当，让我刻骨铭心。那是一个巴西的华人电器进口商，在当地担任商会会长，有些名望。起初与创维合作时是带款发货，销量也不是很大。合作一段时间后，他提出了一些建议，包括中巴距离太远，货物从中国发到巴西单程要 45 天，航运时间较长，提前打款银行承担的利息有点儿高。他的意思是让创维提前发货，采取货到付款的方式。考虑到风险防范，我们也采取了一些措施，就是货到对方港口仓库后，提货单在我们自己手里，等到那人从巴西汇款后，我们再把提货单发给他。

前几次没出什么岔子，于是我们放松了警惕。时间接近2014年巴西足球世界杯，巴西的家电市场需要大量的电视更新，那个电器进口商让我们先发运了1亿元人民币的货，结果货发过去之后，人和货就都失踪了，如石沉大海。原来那个骗子通过收买海关人员，利用复印件把存放在港口仓库的货全提走了。这件事后来打了国际官司，也没有什么结果，让创维白白损失了1亿元人民币。

此外，在海外市场布局的过程中，企业还要注意海外版权、专利的法律法规。在国外有好多律师专门帮着国外企业跟中国公司打版权、专利官司，一场官司下来，中国公司往往损失惨重，创维前后大概被索赔过1亿美元，做生意真是不容易。

吃亏的同时，我们也在加速熟悉国际市场的生存法则，尤其是国外知识产权保护等法律法规，深入了解目标市场的需求。

当然，有些事情也不是我们不碰就能躲开的，因为国际市场竞争的不确定性因素太多，包括政治博弈。创维曾在2019年通过公平竞争投中了南非广电集团一个3亿美元的机顶盒订单，却因为那家公司的股东中有美国人，他提出创维机顶盒内置某种被美国制裁的芯片，所以即便当时已经备好了货，结果等了两个多月，最后也只能眼睁睁地看着订单被取消。南非广电集团也很无奈，花了高出一倍的价格去跟美国公司购买。直到创维通过技术升级，拥有了独立研发的国际化芯片，南非广电集团才又把一部分订单分给了创维。

走出国门，你会发现国际市场之大，是多么有诱惑力。中国企业拥有那么强大的制造能力，不能因为受一些小挫折就轻易放弃。度过出海初期艰难的融合，创维整个海外市场的收入呈稳定增长态势，国外市场带来盈利贡献，逐渐大于国内市场的盈利贡献，为创维的持续成长输送血液。

放眼全球，中国企业还是有很多机会的。出海就不要怕踩"坑"，怕这怕那最后什么事也做不成，与其坐以待毙，不如拼一把、搏一回。

- 跨界，打造一个轮回
- 创维商学点亮商业教育之光

后记

跨界，打造一个轮回

作为前辈，最大的愿望是什么呢？应该是让后辈不要重蹈前辈的苦难覆辙。

经历过特殊的年代，尝过挨饿的滋味，陷入过没有希望和未来的困境，使我格外珍惜现在这来之不易的环境。这世上，有谁愿意无端地吃苦呢？有人说，如果穿越回20世纪80年代，也能像我那样取得成功。未必，你的性格、秉性，以及吃苦的程度，决定了你在创业之路上能走多远，决定了你在面临艰难困苦时的态度。

改革开放后的下海创业者众多，成功者却寥寥无几，为什么？创业太苦、太累，竞争又太激烈，有些人挣点儿钱后见好就收，马上"上岸"，也有些人过于冒险，搭上了身家性命，而更多的是泯然众矣，虽衣食无忧，却也谈不上所谓的成功。

历史的演进，总是在一种沧海洪流般的变革和动荡中持续前行，我们这些凡人，更多的是在这种趋势的激荡中把握自己，寻找属于自己的未来。如果简单地归纳，我的一生似乎只做了两件事。

第一件事是，通过技术的深化和突破，帮助人们看见世界、看清世界。

第二件事是，通过技术的爬升和融合，让人们智慧出行，体验快乐人生。

我国历史上很长一段时间都处于农耕时代，一直到新中国成立后的 30 年，中国依然拥有世界上最庞大的第一产业，以及 8 亿多人的农民群体。他们用着一成不变的原始农具，沿袭着上古时代留下来的时令、节气进行农耕，过着面朝黄土、背朝天的生活，大部分人的物质生活极其匮乏、贫穷。

1982 年，我大学毕业进入当时电子工业部直属的中国电子进出口总公司华南分公司工作，目睹了国内电子制造业基础薄弱，以及对外出口主要依靠大量低价的农产品来换取少量国外高附加值的电子技术产品，那时，我内心产生了迫切改变这种现状的愿望——产业报国。

作为一个理工男，我对历史很感兴趣，喜欢了解中国的历史、世界的历史，喜欢向外思考、向前思考。这或许决定了我为什么一次又一次地选择创业,并在又苦又累的制造业领域坚守三十多年。

我在温哥华有一套房子,一直舍不得卖,对于第一次到那里的人来说,那里仿佛是人间天堂。全年平均气温22℃~23℃,冬暖夏凉,空气湿度适中,每年冬天都会下几场鹅毛大雪。那里到处是绿色的森林,林中的鸟雀、白尾鹿随时出现在你身边,它们大摇大摆,也不怕人。处处呈现出的人与自然和谐相处的场景,让人感受到地球的亲和力。房子的远方有永不融化的雪山,在蓝天白云下更显壮观;不远处是太平洋东岸,在绵绵细长的沙滩上行走,冷不防就会踩到螃蟹,那里的螃蟹比人多。

我为什么要舍弃那个美丽舒适的地方,回国受这份"罪"呢?因为那里没有祖国,没有让我甘愿奋斗终身的土壤。其实,那片土地原本并不属于欧美人,而是由于英国的工业革命和能源革命带来的领先优势,使他们征服了世界,占领了全世界最优质的土地。相比之下,明朝的郑和七下西洋,也曾到过中东、红海等地,却没能造福后世子孙,连一片沙地都没有带回来。西方发达国家利用工业文明的先发优势占领了全世界最好的地方,他们的子孙后代得以继承祖先们留下的丰厚遗产,享受那美丽的人间天堂。相反,我们需要思考在新的工业革命来临时,能否抓住这个机会为后代们留下一些东西。

在过去 200 多年里，人类的跨越式发展超越了之前 5000 年的历史演进，其核心就是技术创新。科学发展代替了农耕时代漫长的社会进步。谁掌握了科技，谁具备创新力，谁就能迈向充满希望的未来。这应该是中国企业家该做的，不仅仅是简单赚点钱和求生存，而是要真正连接世界文明的发展。

如果没有以科技和新技术为主导的第四次工业革命带来的颠覆性变革，即便在家电行业待再长时间，我也不会踏入汽车行业。恰恰是第四次工业革命的兴起，推动了汽车技术的革命，信息技术向汽车产品的深层次渗透，让汽车进入了由智能网联、自动驾驶等新技术构建的"软件定义汽车"的时代。基于这样的认识，我拥有了进入新能源汽车领域并持续奋斗的勇气。

对于我这个曾经的"家电佬"跨界造车，一直都有人质疑。他们会说：何苦呢？你创立的创维家电品牌已经是国际知名品牌，你已经对得起国家，为什么不好好享受生活，给自己的创业生涯画上一个圆满的句号？作为创业老兵，创业苦是苦了些，可是收获也颇多。当你看到自己投身的事业在行业中得以引领，并对国家战略产生正向推动；当你看到挂着绿牌的新能源汽车满街跑，驾乘者享受智能驾驶的乐趣时，那份创业的苦就化作了甜，兴奋感会贯通全身，产生极致的心流体验，那时你就会觉得吃再多的苦也值得。

1999年，我有幸作为民营企业家代表站到天安门城楼前的金水桥畔，观看当年的国庆大阅兵，心中涌起无尽的自豪和激动，或许是在那一刻，我的这颗心牢牢地与国家的未来捆绑在了一起。

在此之前，我还在移民海外和继续创业之间徘徊、犹豫，而那次经历之后，我彻底放弃了提前退休的想法，踏踏实实地留在国内继续创业。虽然在创业过程中遭遇过一些人生坎坷，但都不曾动摇我产业报国的初心，在一次次创业轮回中归零、崛起、再归零、再崛起。

我的创业思考：

创维商学
点亮商业教育之光

我创办创维商学有两个情结：

第一个情结来自我的生父。他曾经是一名老师，把传道、授业、解惑的基因遗传给了我，以至于我从骨子里就有一种想站到讲台上授课的冲动，去播撒创业的激情与使命。

第二个情结来自我的外婆。小时候，我跟着外婆度过了一段颠沛流离的流浪生活，对于未知的恐惧和外婆的乐观，在我幼小的心灵中深植了一颗在苦难中汲取能量的种子，以及对危机的敏锐感觉。

创办创维，是我人生的一个重大转折，也是我在苦难中寻求力量，战胜一次又一次危机的漫长战斗。

商业世界的竞争历来是你死我活的战争，深陷其中，才能体会到那种危机四伏的窒息、压迫。市场的变化无常、竞争对手的步步紧逼、技术的快速迭代……每一个因素都像是悬在头顶的利剑，稍有不慎，就可能让企业陷入万劫不复的绝境。也正是凭借对商机的敏感嗅觉，以及对苦难和危机应对的心理准备，才让我一路过五关斩六将，取得今天的成就。

随着在商业领域的不断深耕，我发现身边有太多和自己创业初期类似的创业者，他们怀揣梦想、渴望闯出一番天地，他们满怀热情地投身商海，却往往因为缺乏系统的知识、实用的经验以及有效的引导，在前行的道路上走得异常艰难，甚至不得不遗憾地放弃自己的创业理想，让我深感遗憾。

正是这样一种触动，让我陷入了深深的思考中。整整一年的时间，我都在不断思考一个问题：如何才能真正地帮助到这些创业者，以便让他们在创业的道路上少走一些弯路，多一些应对危机的底气呢？

在思考的过程中，我越发意识到，保持学习、不断进步对于人和组织而言是多么重要，这几乎决定了创业者能否在未来激烈的商战中立足。我想，或许可以打造一个平台，一个汇聚各方智慧、整合各种资源，能为创业者提供全方位帮助的平台。

于是，创维商学的雏形在我的脑海中逐渐清晰起来。在这个平台上，创业者既能学到扎实的商业理论知识，又能接触到真实可感的实践案例；既能聆听那些成功企业家的经验分享，又能有机会与同行相互交流、共同成长。

2022年创维商学成立，从思考到落地并非一件易事，从构思、规划，到一步步去落实课程体系、搭建师资队伍，再到完善教学设施、打造学习环境，每一个环节都倾注了我及合作伙伴大量的心血和精力。

在课程体系的搭建过程中，我只提了一条明确的标准：必须贴合当下的商业实践，让学员们接收到实实在在的东西。这个世界变化得太快，层出不穷的新技术、新模式、新竞争态势让人眼花缭乱，稍不注意就会被时代抛下。

如果教给学员们的都是些脱离实际、不接地气的内容，等他们在商海中实践的时候，会发现所学的知识根本派不上用场，还得从头摸索，这不符合我们办学的初衷。因此，"知行合一"的原则，贯穿整个课程体系。

如何实现"知行合一"呢？关键的一点，就是让有结果的人来现身说法，"有结果的人"指的是那些在商业战场上真正打拼出成绩的人,像上市公司的主席、各行业里的领军人物,还有那些成功打造出知名品牌,带领企业突破重重困境的企业家,这些人是一路摸爬滚打过来的,他们的每一个决策、每一次行动,背后都有着实实在在的商业成果在支撑,如果让他们参与到课程体系当中,那带来的价值可太大了。

通过对这些真实发生过的商业案例进行剖析,能够让学员身临其境般地感受到在不同的商业情境下该如何做出决策、如何应对挑战,真正将理论知识转化为实际运用的能力,让大家站在巨人的肩膀上看待商业问题。

创维商学自创办以来,除了我自己经常参与到教学当中,分享我的创业感悟和管理心得,我们还邀请了像万科王石、金蝶徐少春、亿纬刘金成、维科杨东文等作为名誉院长兼导师,他们都是在商海沉浮中历经过大风大浪、战功赫赫的企业家。

优秀的企业家大都有一颗回馈社会、助力后浪的大爱之心。他们来到创维商学担任导师,将自己从创业初期的艰难起步,到应对各种复杂的市场变化,再到实现企业腾飞的全过程,毫无保留地分享给学员。他们的每一堂课、每一个故事,都仿佛是一把打开商业成功大门的钥匙,为学员们指点迷津。

为了让学员们有更直观、更深刻的学习体验，我们还设置了丰富多样的学习形式。比如组织国际游学活动，先后去过香港、以色列、法国、德国等地，与学员们一同去领略世界各地不同的商业文化、商业模式以及创新理念，拓宽大家的国际视野，让他们明白商业的世界是如此多元且充满无限可能；现场造访国内卓越的企业更是必不可少的，走到行业内顶尖的企业内部，去亲身体验它们的运营管理、团队协作以及企业文化，与企业的高层面对面交流，探寻它们成功背后的秘密。

　　此外，我们还开创了双向交流的模式，不仅让学员们走出去学习，也会邀请那些成功的企业家走进学员的企业，深入了解企业的实际情况，针对存在的问题现场给出切实可行的建议，帮助学员把所学知识真正落地，转化为推动企业发展的实际动力。

　　两年多的时间，一批又一批的学员在创维商学得到熏陶、成长，他们带着所学的知识和本领，回到各自的商业舞台上展现出强大的竞争力，我既欣慰又感慨。欣慰的是，创维商学确实能帮助大家提升，而感慨的是，我深知我们依旧不能停下脚步，因为时代的变化不会停歇。

有生之年，我会带着这份办学的初心，不断完善创维商学，让它帮助更多创业者走出迷茫、困惑，在变局中开创新局。我相信，只要我们时刻保持警醒，不断学习进步，就一定能在这个充满挑战的商业世界里，闯出一片属于自己的天地，书写出更加精彩的商业篇章。

我的创业思考：